KARTEN MAL GANZ ANDERS

DAS MITMACHBUCH

Text: Eddie Reynolds, Darran Stobbart
und Jordan Akpojaro

Gestaltung: Helen Edmonds, Jamie Ball,
Tom Lalonde und Anna Gould

Illustrationen: Peter Donnelly, Lee Cosgrove,
Ian McNee und Wesley Robins

EINE KARTE DIESES BUCHES

Auf diesen Seiten erfährst du mehr
über den Inhalt dieses Buches.

GANZ SCHÖN VIELE KARTEN

Es gibt viele verschiedene Arten von Karten. Entdecke auf diesen Seiten,
was Karten dir alles zeigen können ...

Manche Karten stellen die Welt und
ihre verschiedenen Länder dar.

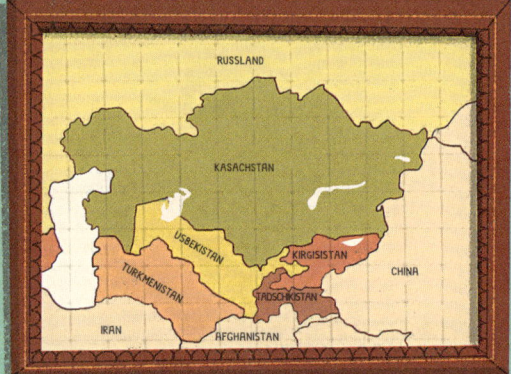

Karten können auch Informationen
zu bestimmten Orten enthalten, wie
zum Beispiel die Höhe von Bergen.

Politische Karten zeigen Städte
und Länder – und die Grenzen,
die dazwischen verlaufen.

Physische Karten geben natürliche
Beschaffenheiten wieder, wie zum
Beispiel Wüsten, Wälder und Gebirge.

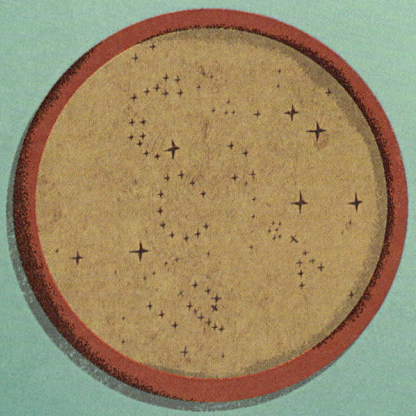

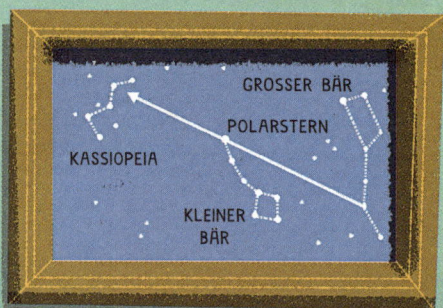

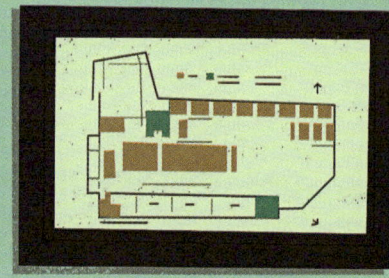

Grundrisse sind Karten, die den
Aufbau eines Gebäudes zeigen.

Die ersten Karten,
die je erstellt wurden,
zeigten die Positionen
der Sterne am
Nachthimmel.

Karten von Sternen
werden manchmal
auch Himmelskarten
genannt.

Karten können dieselbe Stadt auf verschiedene Weise darstellen.

Auf einigen Karten sind interessante Routen eingezeichnet.

Anhand von Karten kannst du die Wettervorhersage nachvollziehen.

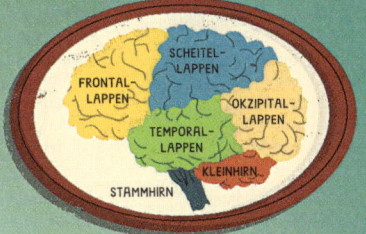

Es gibt Karten, die verschiedene Körperteile des Menschen zeigen.

Manche Karten enthalten Bilder, um den Standort von Sehenswürdigkeiten anzuzeigen.

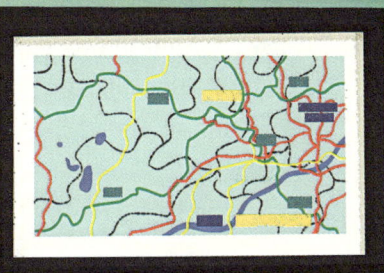

Straßenkarten verwenden unterschiedliche Linien, um verschiedene Arten von Straßen anzuzeigen.

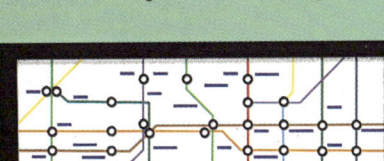

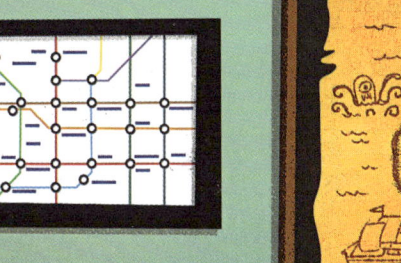 

Karten helfen den Menschen, Bahnhöfe zu finden oder Reisen zu planen.

Karten können auch erfundene Orte zeigen.

Kartensuche

Finde die drei Karten auf dieser Doppelseite, die jemandem dabei helfen ...

★ ... sich alle Länder der Welt anzuschauen.

★ ... das Wetter in Melbourne herauszufinden.

★ ... den Polarstern zu erkennen.

RUND UM DIE WELT

Auf der Erde gibt es sieben riesige zusammenhängende Landmassen, die sogenannten Kontinente, und fünf große Ozeane. Ihre Namen sind auf dieser Karte in Großbuchstaben gedruckt.

Trennlinien

Auf manchen Karten ist die Welt von gedachten Linien durchzogen, damit man die genaue Lage eines Ortes besser ablesen kann. Die Längengrade verlaufen von Nord nach Süd; die Breitengrade verlaufen in Ost-West-Richtung einmal um die Erde herum.

Kannst du diese fünf Breitengrade auf der Karte bestimmen? Schreibe ihre Zahlen in die weißen Kreise.

1. südlicher Polarkreis
(am nächsten zu Antarktika)

2. Äquator
(um die Mitte)

3. nördlicher Polarkreis
(ganz oben)

4. südlicher Wendekreis
(verläuft durch Australien)

5. nördlicher Wendekreis
(verläuft durch Asien)

ARKTISCHER OZEAN

NORDAMERIKA

ATLANTISCHER OZEAN

PAZIFISCHER OZEAN

SÜDAMERIKA

Die fünf Ozeane bedecken 71 % der Erdoberfläche.

Norden
Westen — Osten
Süden

SÜDLICHER OZEAN

Weltumrundungen

Kannst du erraten, wie lange diese Menschen für ihre Reise rund um die Erde brauchten?

1. Erster Wanderer
Dave Kunst
1974

A. 2 Jahre, 3 Monate und 16 Tage
B. 3 Jahre, 3 Monate und 16 Tage
C. 4 Jahre, 3 Monate und 16 Tage

2. Erste Schiffsreise
Ferdinand Magellan und
Juan Sebastián Elcano
1522

A. 2 Jahre und 353 Tage
B. 4 Jahre und 353 Tage
C. 10 Jahre und 353 Tage

Großaufnahme

Kreise diese Teile der Erde auf der Weltkarte ein. Die Landmasse ist grün dargestellt, orientiere dich also an ihrer Form.

A.

B.

C.

D.

EUROPA

ASIEN

AFRIKA

PAZIFISCHER OZEAN

INDISCHER OZEAN

AUSTRALIEN UND OZEANIEN

Weniger als 12 % der Weltbevölkerung lebt unterhalb des Äquators auf der südlichen Halbkugel.

ANTARKTIKA

3. Erster Nonstop-Flug
James Gallagher
1949

A. 94 Minuten
B. 9,4 Stunden
C. 94 Stunden

4. Erste Nonstop-Ballonfahrt ganz allein
Steve Fossett
2002

A. Fast 15 Stunden
B. Fast 15 Tage
C. Fast 15 Wochen

5. Erste Reise in einem Raumfahrzeug
Juri Gagarin
1961

A. 10,8 Minuten
B. 108 Minuten
C. 10,8 Stunden

STANDORTBESTIMMUNG

Mit Zahlenreihen, den sogenannten Koordinaten, kannst du einen Punkt auf einer Karte ganz genau bestimmen. Wenn du die Rätsel auf dieser Doppelseite löst, verstehst du, wie es funktioniert.

Quadrate finden

Die vierstellige Koordinatenangabe für den roten Stern auf dieser Karte lautet 3121.
Die ersten beiden Zahlen geben an, wie weit rechts der gesuchte Punkt liegt.
Die anderen beiden Zahlen geben an, wie weit oben er liegt.

Koordinatenangaben können auch ein Quadrat bezeichnen, das rechts über dem genannten Punkt liegt. So befindet sich der Sheriff auf dieser Karte größtenteils in Quadrat 2219.

Hilf jetzt dem Sheriff, die Mitglieder der Van-Dyke-Bande zu finden …

Schreibe die Koordinatenzahlen für die Quadrate, in denen sie sich befinden, auf die Steckbriefe unten.

GESUCHT: Die Van-Dyke-Bande

THE KID

TEX REX

ANNIE

SANCHO

MCGEE

RED

Punkte einzeichnen

Manche Koordinatenangaben bestehen aus sechs Zahlen. Die erste und die zweite sowie die vierte und die fünfte Zahl geben die dickeren Linien an. Die dritte und die sechste Zahl geben an, wie viele kleine Quadrate du von den dickeren Linien nach rechts oder nach oben gehen musst.

Die Koordinatenangabe für diesen Punkt lautet 811572.

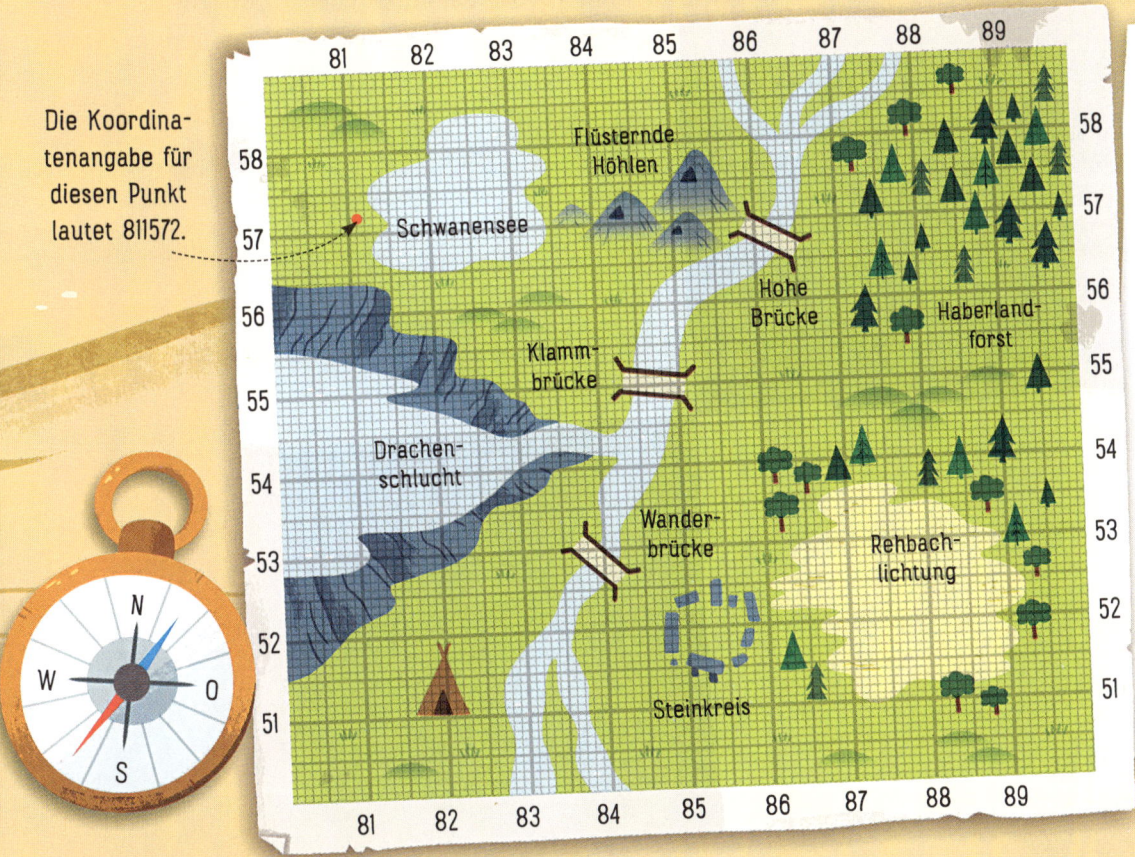

Zeichne Punkte mit diesen Koordinatenangaben in die Karte ein. Verbinde dann alle Punkte mit einer Linie.

830565
857570
876561
874532
854519
834534
824513

Über welche Brücke führt der Weg nicht?

Koordinaten aufschreiben

Notiere die sechsstelligen Koordinatenangaben für die Punkte auf dieser Karte, um den Rückweg des Kanufahrers zum Zeltlager anzugeben.

Start 321629

....

....

....

....

....

....

Ziel ....

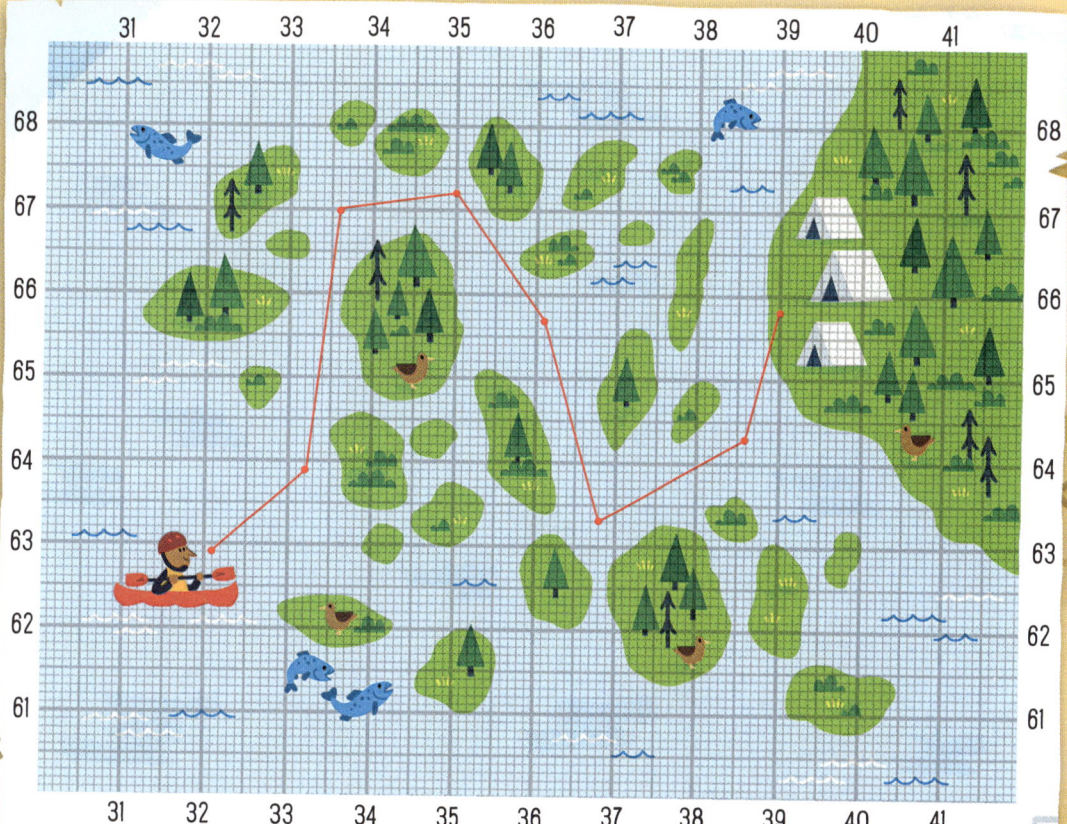

HOHE BERGE

Wenn Kartografen anzeigen wollen, dass eine Gegend hügelig ist, zeichnen sie sogenannte Höhenlinien in ihre Karten ein.

Verbinde die Höhenlinien

Höhenlinien führen auf einer Karte durch alle Punkte, die auf der gleichen Höhe liegen. Je höher die Zahl auf der Linie ist, desto höher ist hier der Hügel. Verbinde alle Punkte mit derselben Zahl, um die fehlenden Höhenlinien in die Karte einzuzeichnen.

Symbolsuche

Sieh dir die Legende rechts und die Zahlen auf den Höhenlinien genau an und finde …

★ … das höchste Windrad.

★ … das niedrigste Waldgebiet.

★ … das Naturschutzgebiet und den Aussichtspunkt, die gleich hoch liegen.

Campingplatz

Brücke

Windmühle

Rastplatz

Aussichtspunkt

Waldgebiet

Sumpf

Bootssteg

Naturschutzgebiet

Angelplatz

Windrad

Kiefernwald

Spielplatz

Golfplatz

Burg

Aschenhütte

Höhenordnung

Suche die abgebildeten Orte auf der Karte und finde heraus, wie hoch sie liegen. Kannst du sie in die richtige Reihenfolge bringen? Schreibe eine 1 für den höchsten Ort und eine 4 für den niedrigsten.

ALLE LÄNDER AFRIKAS

In Afrika gibt es atemberaubende Landschaften, eine faszinierende Tierwelt und 54 verschiedene Länder – mehr als auf jedem anderen Kontinent.

Bunte Mischung

Male die Länder auf dem afrikanischen Festland mit vier verschiedenen Farben so aus, dass benachbarte Länder nie die gleiche Farbe haben.

Die Wüste Sahara erstreckt sich über einen Großteil von Nordafrika. Sie macht 8 % der gesamten Landfläche der Erde aus.

Der Nil ist mit 6853 km der längste Fluss der Welt.

Der höchste Punkt in Afrika ist der Berg Kilimandscharo in Tansania. Der derzeit inaktive Vulkan ist das letzte Mal vor 360 000 Jahren ausgebrochen.

Länder: TUNESIEN, ALGERIEN, MAROKKO, WEST-SAHARA, LIBYEN, ÄGYPTEN, ERITREA, MAURETANIEN, MALI, NIGER, TSCHAD, SUDAN, DSCHIBUTI, SENEGAL, GAMBIA, GUINEA, BURKINA FASO, BENIN, NIGERIA, SÜDSUDAN, SOMALIA, ÄTHIOPIEN, GUINEA-BISSAU, SIERRA LEONE, ELFEN-BEINKÜSTE, GHANA, TOGO, KAMERUN, ZENTRAL-AFRIKANISCHE REPUBLIK, LIBERIA, ÄQUATORIALGUINEA, GABUN, REPUBLIK KONGO, DEMOKRATISCHE REPUBLIK KONGO, RUANDA, UGANDA, KENIA, BURUNDI, TANSANIA, ANGOLA, SAMBIA, MALAWI, MOSAMBIK, SIMBABWE, NAMIBIA, BOTSUANA, MADAGASKAR, ESWATINI, SÜDAFRIKA, LESOTHO

Hallo, hallo, hallo ...

In Afrika werden über 2000 verschiedene Sprachen gesprochen. Die folgenden Wörter und Wendungen bedeuten alle „hallo".

Sawubona!
(Zulu, gesprochen in Südafrika)

Wa lalapo!
(Ndonga, gesprochen in Namibia und Angola)

I ni se!
(Bambara, gesprochen in Mali)

Kedu!
(Igbo, gesprochen in Nigeria)

Auf Safari

Viele Menschen reisen von überallher nach Afrika, um auf sogenannten Safaris die afrikanische Tierwelt zu entdecken.

Zeichne auf der Karte eine Safari-Route ein, die in Kenia beginnt und in Tansania endet und alle Tiere in der angegebenen Reihenfolge aufsucht. Du darfst durch jedes Land nur einmal fahren.

1. Löwe

2. Flusspferd

3. Gorilla

4. Elefant

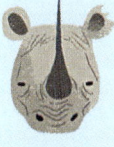
5. Nashorn

6. Leopard

7. Giraffe

8. Gepard

9. Gnu

10. Büffel

GABUN
REPUBLIK KONGO
DEMOKRATISCHE REPUBLIK KONGO
UGANDA
KENIA
Start
Ziel
TANSANIA
ANGOLA
SAMBIA
MOSAMBIK
NAMIBIA
SIMBABWE
BOTSUANA
SÜDAFRIKA

Safari ist ein Wort der Suaheli-Sprache und bedeutet „Reise".

Afrika-Quiz

Schau dir die Karte auf der linken Seite an und finde die Länder, auf die folgende Beschreibungen passen.

A. Dieses Land liegt an der Küste und grenzt an Äthiopien und den Sudan.

....

B. Dieses Land ohne Küste ist umgeben von Uganda, der Demokratischen Republik Kongo, Burundi und Tansania.

....

C. Dieses Land grenzt an Togo, Burkina Faso und die Elfenbeinküste.

....

Ländersuche

Bringe die Buchstaben in die richtige Reihenfolge und finde die Namen einiger afrikanischer Länder, die eine sehr große Bevölkerung haben.

ERIGINA _ _ _ _ _ _ _
Bevölkerung: über 190 Millionen

TYPNÄGE _ _ _ _ _ _
Bevölkerung: über 95 Millionen

SANATINA _ _ _ _ _ _ _ _
Bevölkerung: über 55 Millionen

RAILGENE _ _ _ _ _ _ _ _
Bevölkerung: über 40 Millionen

KUNSTRAUB

Ein Dieb hat vier wertvolle Kunstwerke aus einem Museum gestohlen. Hilf der Polizei anhand der Karten auf dieser Doppelseite bei ihren Ermittlungen.

Tatort

Lies diesen Polizeibericht und zeichne dann auf dem Museumsplan den Weg ein, den die Wärter und der Dieb genommen haben.

POLIZEI

Zeitlicher Ablauf der Tat:

22:00 Uhr – Ein- und Ausgänge des Museums werden abgeschlossen.

23:07 Uhr – Ein Fenster an der nordöstlichen Ecke wird eingeschlagen. Die Wärter kommen aus dem Wachraum, um nachzusehen. Sie nehmen den schnellstmöglichen Weg. Es ist kein Dieb zu sehen. Der Täter muss einen anderen Weg durch das Museum genommen haben.

23:18 Uhr – Die Wärter kehren um und gehen in den Raum mit den impressionistischen Gemälden, um zu überprüfen, ob das teuerste Gemälde noch an seinem Platz hängt. Das Gemälde ist noch da. Sie laufen zum Ticketbüro und sehen, dass die Eingangstür offen steht. Ein blauer Wagen fährt davon. Die Wärter kehren zum Wachraum zurück. Ein Wärter verständigt die Polizei, die anderen überprüfen die Aufnahmen der Überwachungskameras. Es ist kein Täter darauf zu sehen.

23:20 Uhr – Vermisste Kunstwerke: 2 Skulpturen, 1 Fotografie, 1 kubistisches Gemälde.

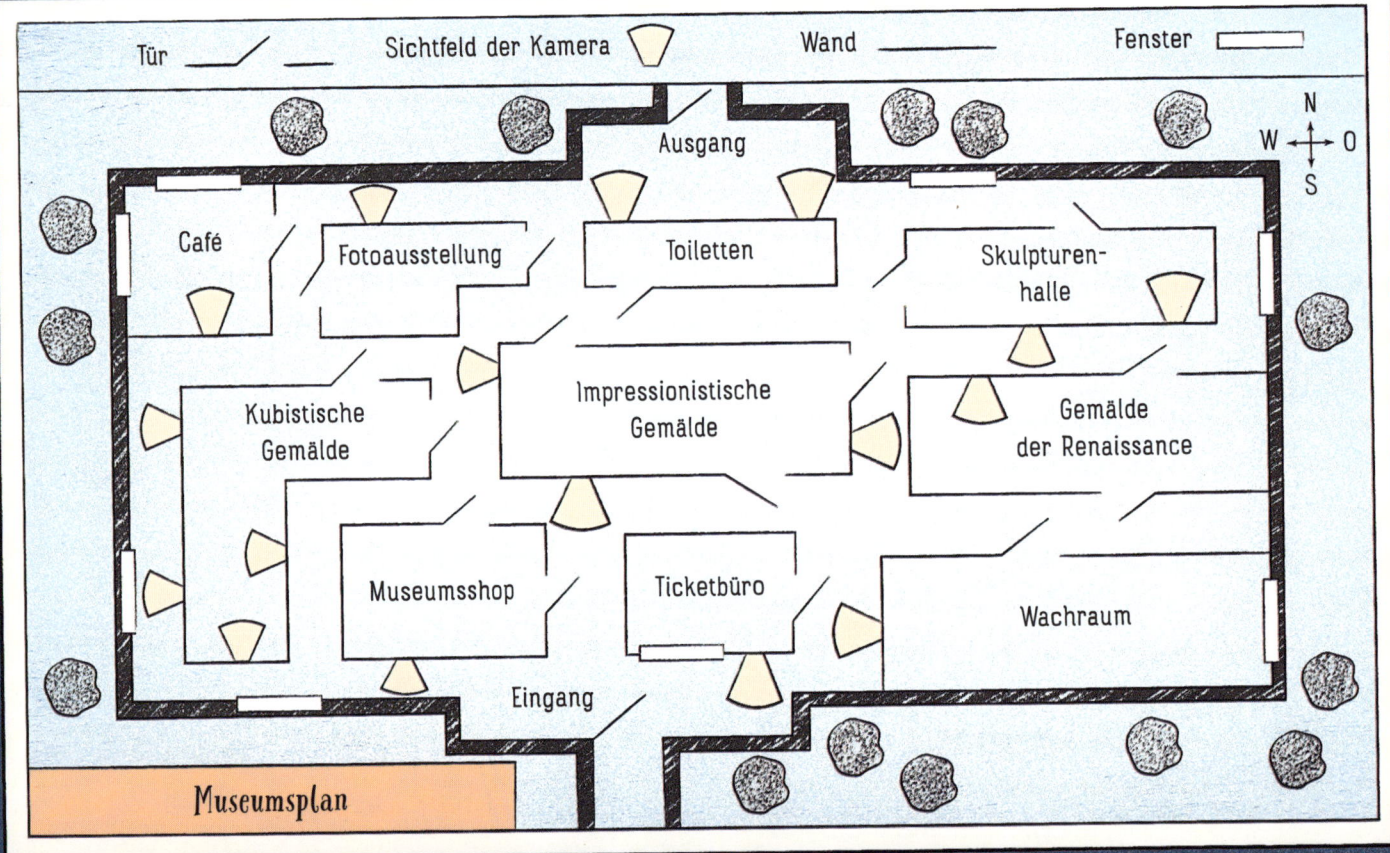

Verfolgungsjagd

Findest du den Fluchtweg des Täters heraus?
Beginne beim Museum (siehe Legende) und lies dir
alle Aussagen der Zeugen durch, an denen er
vorbeikam. Der Dieb hat Polizeiautos vermieden
und war an keinem Ort zweimal.

N
W   O
S

23:30 Uhr
Ein Wagen ist in einen Zaun in der
Kastenstraße gefahren. Es war so laut,
dass ich davon aufgewacht bin. Ich bin
zum Fenster gelaufen und habe gesehen,
wie der Fahrer ein rotes Auto aufgebro-
chen hat. Er ist in südliche Richtung und
später nach Westen davongefahren.

23:21 Uhr
Ich habe gesehen, wie ein Auto
aus dem Bernsteinweg um die Ecke
gerast ist. Man kann noch die Reifen-
spuren sehen! Der Wagen ist dann
die Rosastraße hochgefahren.

23:45 Uhr
Drei Polizeiautos waren in der
Nähe. Ein roter Wagen fuhr ganz
langsam vorbei, um den Polizeiautos nicht zu begegnen.

23:50 Uhr
Ein roter Wagen kam in den Blauen Weg
und hat vor dem violetten Haus in der
Tongasse geparkt. Ein Mann rannte ins
Haus und kam dann aus der Garage wieder
heraus. Er deckte das Auto mit einer Plane
ab und lief zurück ins Haus.

KASTENSTRASSE

LEINWANDSTRASSE

ROSASTRASSE

BERNSTEINWEG

KRISTALLSTRASSE

KREIDESTRASSE

MOSAIKSTRASSE

RAHMENSTRASSE

TONGASSE

BLAUER WEG

STAFFELWEG

PINSELALLEE

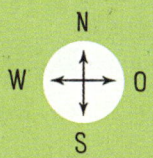
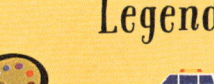

NEW YORK CITY

Die Metropole New York City besteht größtenteils aus einem rasterförmigen Straßennetz, in dem sich hohe Gebäude dicht an dicht aneinanderreihen.

Straßensuche

Viele Straßen und Avenues von New York tragen Zahlen in ihrem Namen, außerdem den Zusatz West oder East. Das zeigt an, ob sie westlich oder östlich der Fifth Avenue liegen.

Findest du …

★ … den Park an der East 17th Street?

★ … die Straße und die Avenue, die sich vor dem Chrysler Building kreuzen?

★ … das Gebäude an der Ecke von West 34th Street und 5th Avenue?

★ … den Bahnhof zwischen 7th Avenue und 8th Avenue?

★ … den Namen der Straße, die diagonal verläuft?

Chrysler Building

Bahnhof Grand Central Terminal

East 42nd Street

Park Avenue

East 34th Street

Empire State Building

West 34th Street

PENN STATION

Lexington Avenue

Madison Avenue

5th Avenue

6th Avenue

7th Avenue

8th Avenue

East 17th Street

East 23rd Street

West 23rd Street

West 17th Street

Union Square Park

Madison Square Park

Broadway

Flatiron Building

TAXI

TAXI

TAXI

Taxi! Taxi!

Jedes gelbe Taxi kann bis zu vier Fahrgäste aufnehmen. Gibt es auf dieser Doppelseite genug Taxis, um fünf Gruppen mit jeweils vier Leuten und eine Gruppe mit sieben Leuten aufzunehmen?

JA/NEIN

Stars „and Stripes"

Findest du zehn US-Flaggen?

SCHATZKARTEN

Kannst du die Rätsel auf diesen Schatzkarten lösen,
um den vergrabenen Schatz zu finden?

Welche Insel?

Lies die Hinweise unten rechts, um die
Insel zu finden, wo der Schatz vergraben
ist. Zeichne dann eine Linie ein, um das
Piratenschiff zur richtigen Insel zu führen.

Hinweise

Die Insel hat ...

★ ... eine Höhle.

★ ... einen Wald.

★ ... gefährliche Tiere.

★ ... einen Wasserfall.

★ ... einen Strand.

Näher und näher

Der Schatz ist in einem der alten Tempel versteckt, die im Wald der Insel liegen. Finde den Tempel, indem du alle Quadrate durchstreichst, deren Koordinaten unten angegeben sind. Welcher Tempel bleibt übrig? (Auf Seite 8 kannst du noch einmal nachschauen, wie du die Koordinatenangaben lesen musst.)

Koordinatenangaben:

4272	4776	4472
4778	4773	4775
4278	4372	4774
4678	4378	

X zeigt den Schatz

Im Inneren des Tempels stehen viele Affenstatuen. Findest du zwei Paare genau gleicher Statuen? Verbinde die zusammengehörenden Statuen mit einer Linie. Der Schatz liegt dort vergraben, wo sich die beiden Linien kreuzen.

19

CYBERSPACE

Das Internet ist ein weltweites Netzwerk von Computern, die durch Kabel verbunden sind, die unter der Erde und unter Wasser verlaufen. Die Karte unten zeigt, wie die verschiedenen Computer zusammenhängen.

E-Mail-Labyrinth

Wenn eine E-Mail von einem Computer zu einem anderen geschickt wird, läuft sie durch viele lange Kabel, mit denen die einzelnen Netzwerkgeräte oder Router verbunden sind.

Zeichne den Weg einer E-Mail vom roten Computer zum gelben Computer ein. Die Nachricht kann nicht durch Kabel oder Router laufen, die kaputt oder vom Netzwerk getrennt sind.

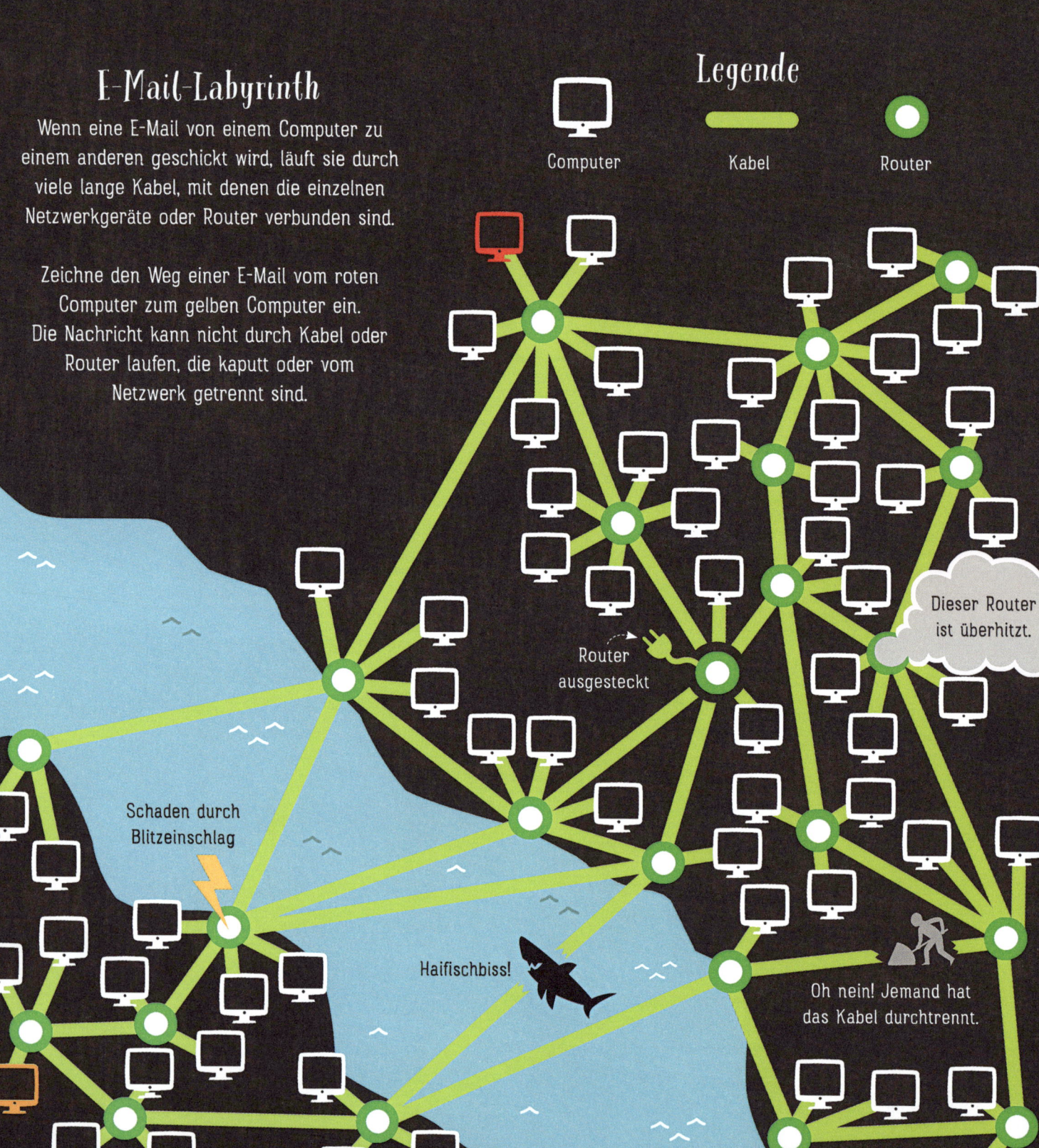

Legende

Computer

Kabel

Router

Dieser Router ist überhitzt.

Router ausgesteckt

Schaden durch Blitzeinschlag

Haifischbiss!

Oh nein! Jemand hat das Kabel durchtrennt.

Minutengenaue Karten

Digitale Karten nutzen Daten aus dem Internet und von Satelliten aus dem Weltraum, um aktuelle Informationen zu bestimmten Orten auf der Erde bereitzustellen. Die Symbole auf dieser Karte zeigen an, wo es gerade Verkehrsstaus gibt und um wie viele Minuten die Fahrt des roten, gelben und blauen Autos zum Stadion dadurch länger wird.

Rechne die Angaben für die einzelnen Routen zusammen und vervollständige die Tabelle.

	Fahrtzeit ohne Stau	Tatsächliche Fahrtzeit
Rotes Auto	35 min	
Gelbes Auto	45 min	
Blaues Auto	40 min	

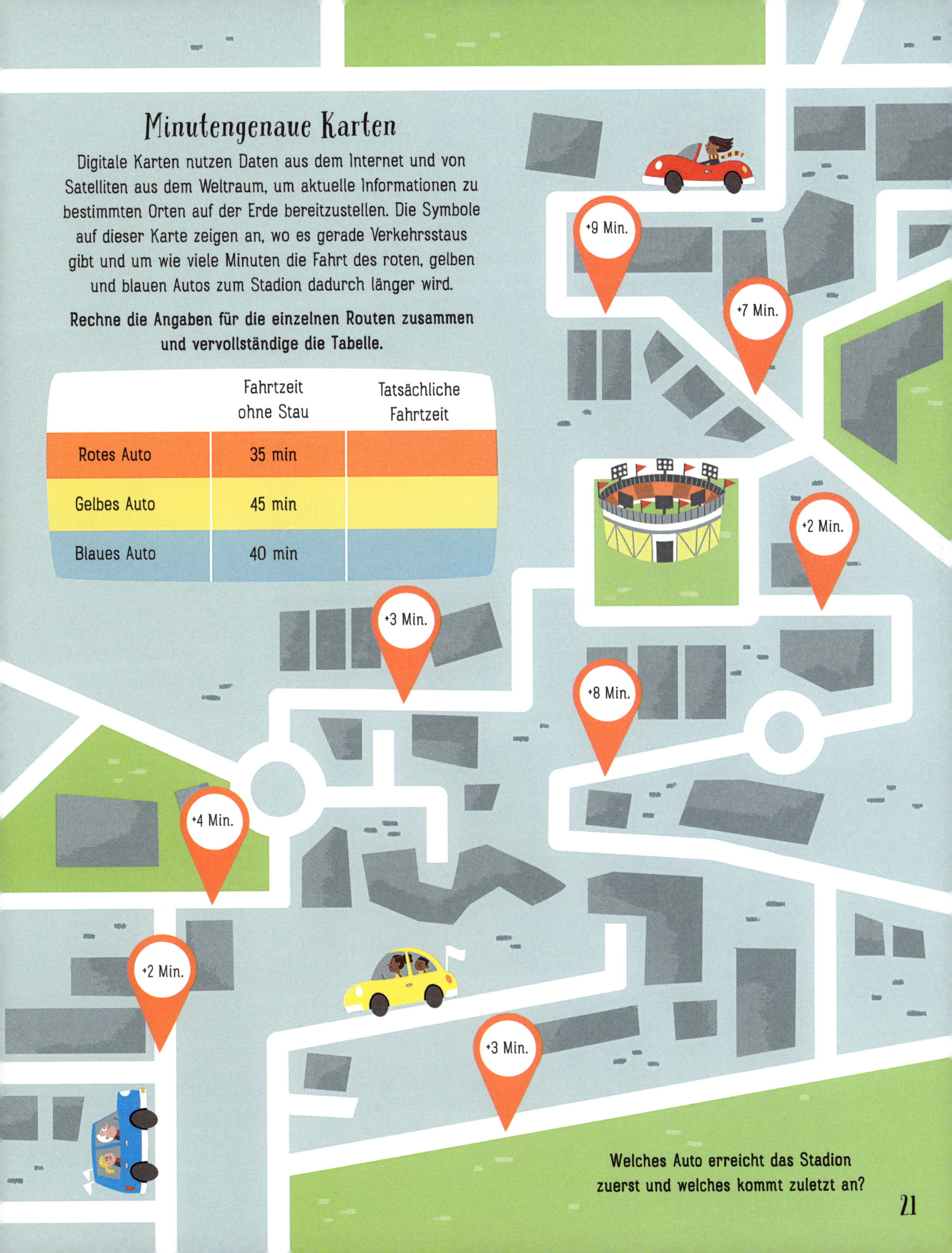

+9 Min.

+7 Min.

+2 Min.

+3 Min.

+8 Min.

+4 Min.

+2 Min.

+3 Min.

Welches Auto erreicht das Stadion zuerst und welches kommt zuletzt an?

21

WIE IM FLUG

Die Welt ist in sogenannte Zeitzonen aufgeteilt, die meist eine Stunde voneinander abweichen. Diese Karte zeigt die Zeitzonen in Teilen von Europa, Afrika und Asien. Bewegt man sich eine Zone weiter nach Osten, ist es dort eine Stunde später. Geht man eine Zone weiter nach Westen, ist es eine Stunde früher. Kannst du die Rätselfragen anhand der Legende unten beantworten?

Die weißen Linien zeigen die ungefähren Grenzen zwischen Ländern an.

Wie viel Uhr ist es?

Wenn es in Dschuba 20:00 Uhr ist, wie viel Uhr ist es dann in den folgenden Städten? Finde die Orte auf der Karte und zeichne die Stunden- und Minutenzeiger in die Uhren ein.

Kiew   Nursultan

Nha Trang   Maskat

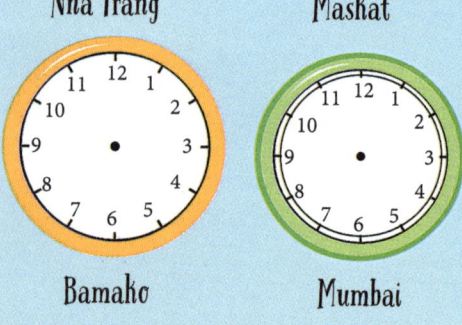

Bamako   Mumbai

EUROPA

Moskau

Kiew

Marrakesch

Mein Flug von Marrakesch nach Dschuba startet um 11:00 Uhr und dauert sieben Stunden. Wie viel Uhr ist es in Dschuba bei der Landung?

....

Bamako

AFRIKA

Dschuba

In den gelben Ländern ist es eine Stunde später als in den orangefarbenen Ländern.

LEGENDE DER ZEITZONEN

| 0 | 1 | 2 | 3 |

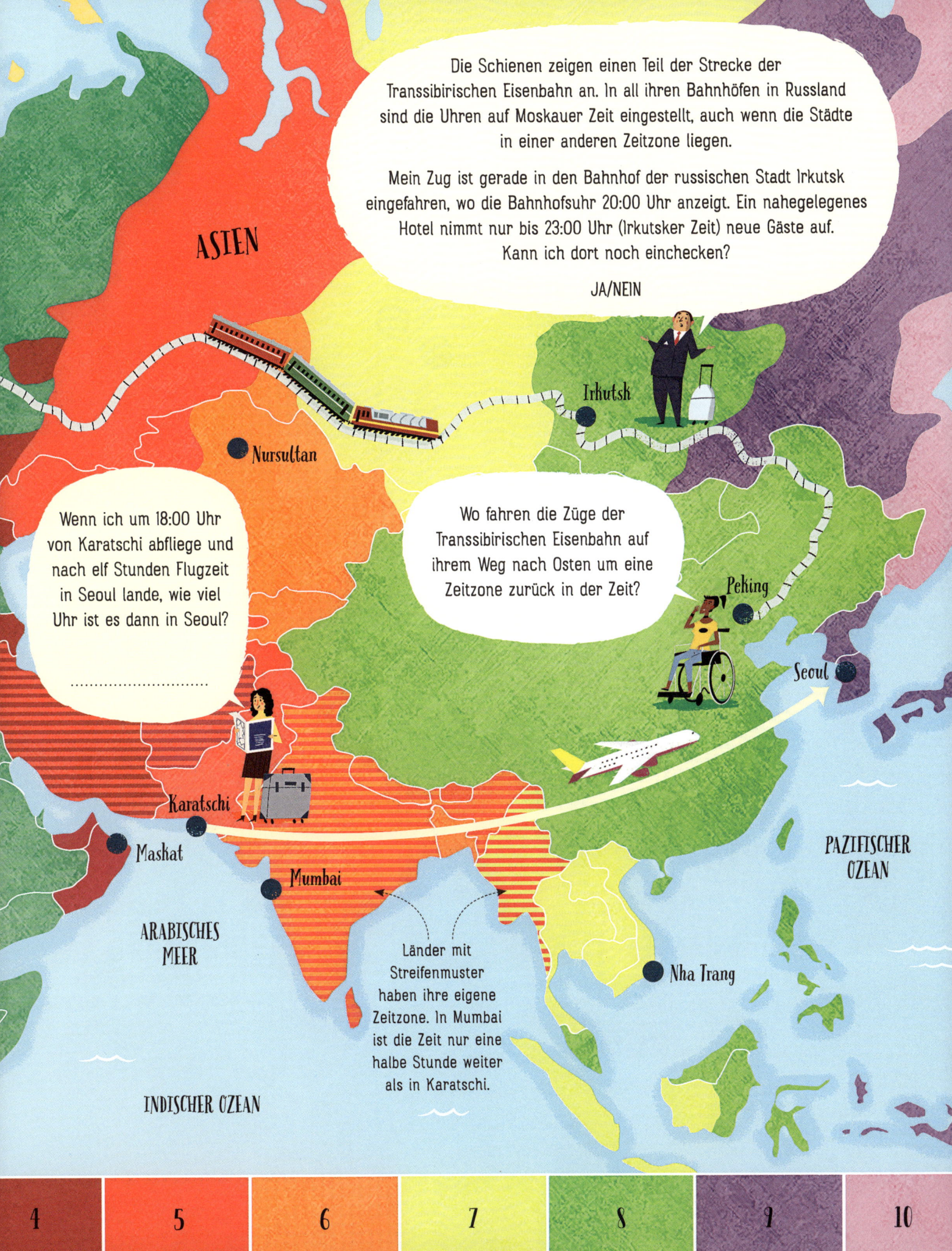

RICHTUNGEN

Karten können dir bei der Planung einer Reise helfen, aber du musst dafür wissen, wie du einen Weg beschreibst oder Wegbeschreibungen folgst.

N, O, S, W

Beginne deinen Weg am Westkai und folge den unten angegebenen Richtungsweisungen nach Norden (N), Osten (O), Süden (S) oder Westen (W). Biege immer bei der ersten Möglichkeit in die entsprechende Richtung ab. Wohin führt dich der Weg?

Richtungen:
O, N, W, N, W, N, O, N, W, N, O und S

Mimis Milchshakes

Wasserpark Atlantis

Kleines Café

Surfshop Wellenreiter

Alter Leuchtturm

Westkai

Palmengarten

Goldsandstrand

N
W   O
S

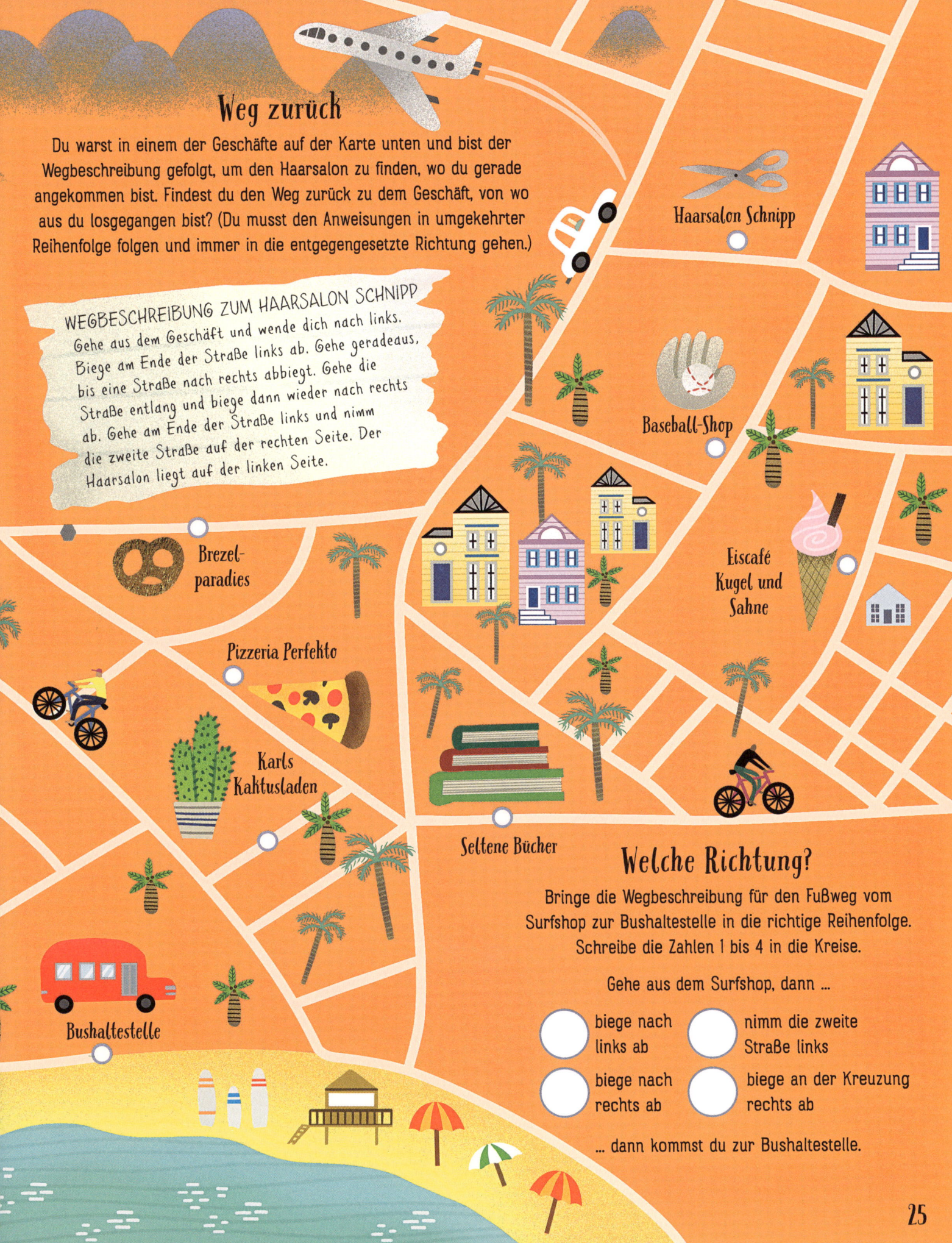

Weg zurück

Du warst in einem der Geschäfte auf der Karte unten und bist der Wegbeschreibung gefolgt, um den Haarsalon zu finden, wo du gerade angekommen bist. Findest du den Weg zurück zu dem Geschäft, von wo aus du losgegangen bist? (Du musst den Anweisungen in umgekehrter Reihenfolge folgen und immer in die entgegengesetzte Richtung gehen.)

WEGBESCHREIBUNG ZUM HAARSALON SCHNIPP

Gehe aus dem Geschäft und wende dich nach links. Biege am Ende der Straße links ab. Gehe geradeaus, bis eine Straße nach rechts abbiegt. Gehe die Straße entlang und biege dann wieder nach rechts ab. Gehe am Ende der Straße links und nimm die zweite Straße auf der rechten Seite. Der Haarsalon liegt auf der linken Seite.

Haarsalon Schnipp

Baseball-Shop

Eiscafé Kugel und Sahne

Brezel-paradies

Pizzeria Perfekto

Karls Kaktusladen

Seltene Bücher

Bushaltestelle

Welche Richtung?

Bringe die Wegbeschreibung für den Fußweg vom Surfshop zur Bushaltestelle in die richtige Reihenfolge. Schreibe die Zahlen 1 bis 4 in die Kreise.

Gehe aus dem Surfshop, dann …

○ biege nach links ab

○ nimm die zweite Straße links

○ biege nach rechts ab

○ biege an der Kreuzung rechts ab

… dann kommst du zur Bushaltestelle.

QUADRATE ZU VERKAUFEN

Vor über 200 Jahren entwarf Thomas Jefferson, der kurz darauf Präsident
der Vereinigten Staaten von Amerika wurde, ein neues System der Landverteilung.
Weite Landstriche in Amerika wurden in Quadrate aufgeteilt wie die unten
auf der Karte, um sie dann einzeln zu verkaufen.

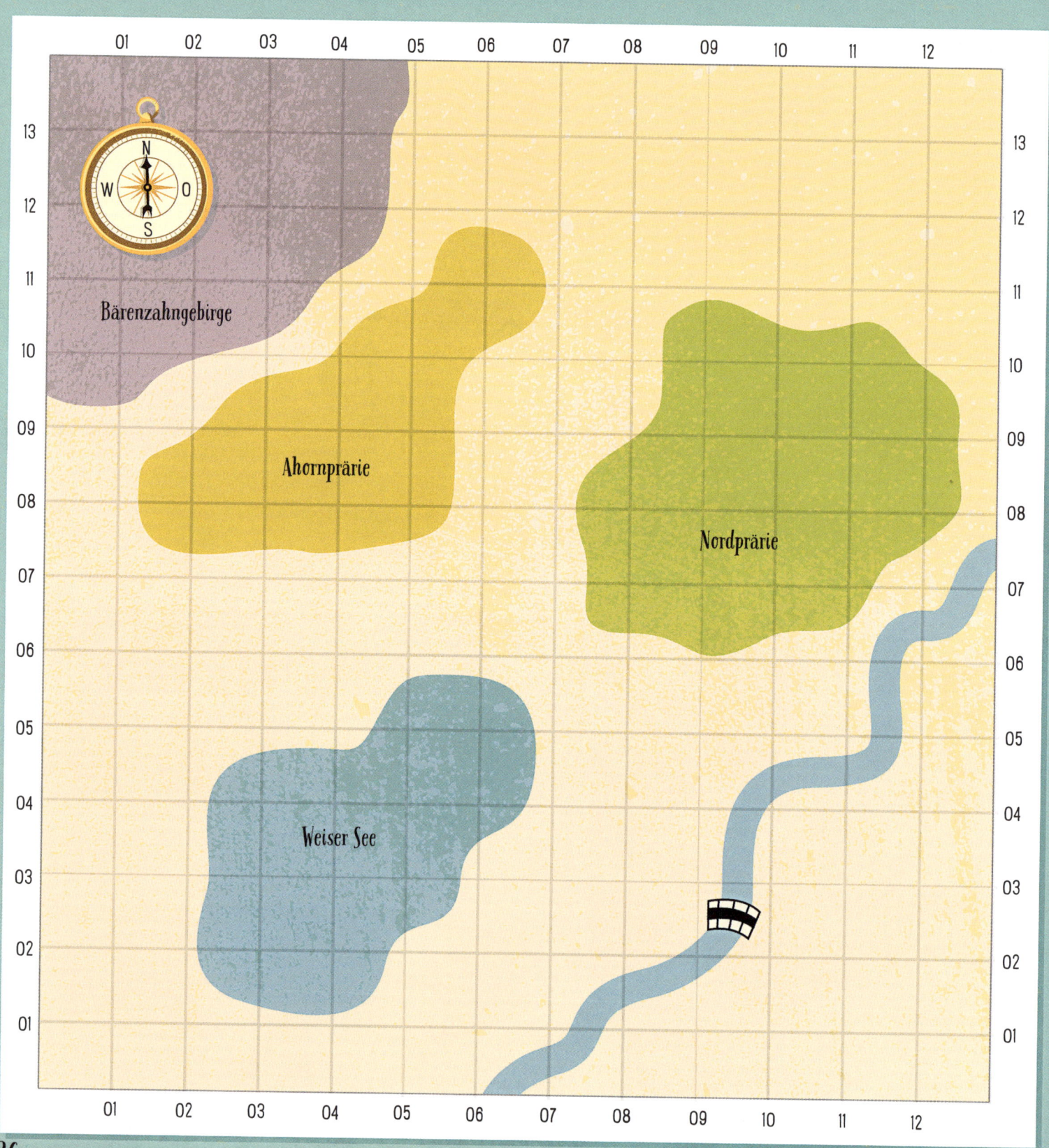

Landkäufer

Fünf Siedler wollen für unterschiedliche Zwecke Land kaufen. Finde anhand der Koordinaten die Quadrate, die sie gern hätten. Zeichne dann die passenden Symbole aus der Legende in die Karte ein.

Legende

 Wald

 Viehweide

 Weizenfeld

 Bergwerk

Siedlung

Brücke

Ich baue eine Siedlung. Ich hätte gern die Quadrate 0802, 0803, 0703, 0901, eine Reihe von Quadraten von 1001 bis 1003 und eine weitere Reihe von 1101 bis 1103.

Die Quadrate 0413, 0513, 0613, 0412 und 0512 wären ideal für mein Bergwerk. Direkt an den Bergen!

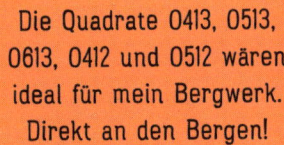

Könnte ich eine Reihe von Quadraten von 0712 bis 1112 für meine Weizenfelder erwerben?

Ich möchte einen Wald um den Weisen See anpflanzen, und zwar in einer Reihe von Quadraten von 0101 bis 0105 und in den Quadraten 0205 und 0305.

Ich brauche die Quadrate 0808, 0908, 1008, 0909 und 1009 für eine Viehweide in der Nordprärie.

Eisenbahnstreit

Ein Eisenbahnunternehmen plant, von der Siedlung zum Bergwerk eine Schienenstrecke zu bauen. Die Gleise können nicht durch Quadrate führen, die bereits gekauft wurden, und auch nicht durch Prärieland, Wasser oder Gebirge. Zeichne eine Linie ein, wie die Strecke verlaufen könnte. Beginne bei Quadrat 0702 und ende bei Quadrat 0713.

INFOKARTEN

Karten können viele interessante Fakten und Informationen
auf ganz unterschiedliche Weise darstellen.

Laute Karte

Die Kreise auf der Karte geben die Tierlaute an,
die in verschiedenen Regionen eines Tierschutzgebietes
zu hören sind. Wo sich die Kreise überlappen,
ist mehr als ein Tierlaut zu hören.

- Brüllen von Tigern
- Trompeten von Elefanten
- Knurren von Leoparden
- Schnauben von Wasserbüffeln
- Kreischen von Papageien
- Zischen von Kobras

Zeichne ein X an den Ort auf der Karte, wo die meisten
Tierarten zur selben Zeit gehört werden können.

Leoparden und Tiger sind
Einzelgänger. Gibt es mehr
Leoparden oder mehr Tiger
in dem Tierschutzgebiet?

Erlesene Zutaten

Diese Karte ist mit vielen bunten Mustern verziert. Sie zeigen die Arten von Obst und Gemüse an, die auf den einzelnen Bauernhöfen angebaut werden. Chefköchin Celine war bereits auf Gut Berghof und auf dem Neuhof, um die besten Zutaten zu kaufen. Finde die Höfe, zu denen sie noch fahren muss, um alle Gerichte für das Menü zubereiten zu können.

Bauernhof Roth

Kernerhof

Hof Grünfeld

Sonnenhof

Feldhof

Bauer Weide

Neuhof

Talbachhof

Steinbachhof

Gut Berghof

Hof Altbauer

Bauer Jona

Menü

Tomaten- und Avocadosalat

Gebratene Kürbis-ravioli mit knusprigen roten Zwiebeln

Erdbeereis und Zitronensorbet

Kontinente im Vergleich

Das Kreisdiagramm auf dieser Karte verdeutlicht, welchen Anteil der weltweiten Landmasse die einzelnen Kontinente einnehmen. Male die weißen Abschnitte entsprechend rot, gelb oder blau aus.

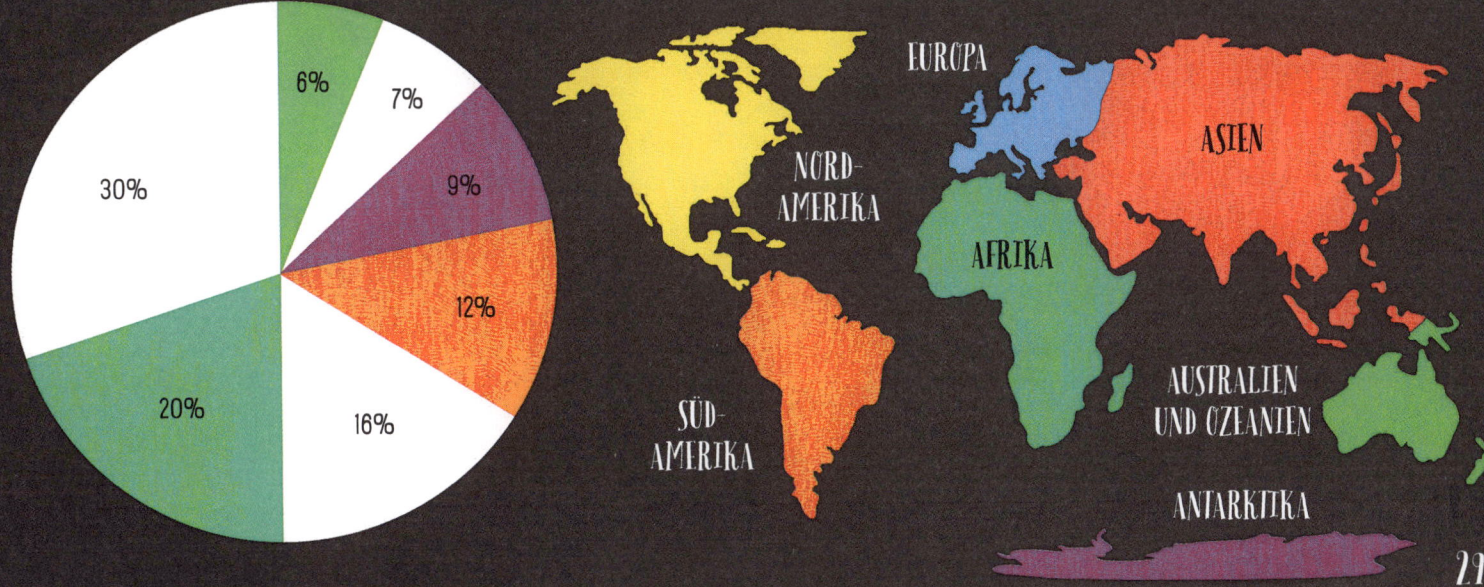

6%

7%

9%

30%

12%

16%

20%

EUROPA

NORD-AMERIKA

ASIEN

AFRIKA

AUSTRALIEN UND OZEANIEN

SÜD-AMERIKA

ANTARKTIKA

DRACHENJAGD

Kannst du in diesem Spiel den Drachen besiegen?
Lies die Regeln unten durch und zeichne dann
deinen Weg in die Karte ein, die ein bisschen
aussieht wie in einem Videospiel.

Regeln

Bis zum Schloss des Drachen hast du drei Leben. Sammle
unterwegs Zaubereier und markiere sie in der „Ei-zyklopädie"
rechts oben. Du kannst die Zaubersprüche und Gegenstände,
die sie enthalten, jeweils nur einmal nutzen. Du darfst den
Weg nicht verlassen, kannst aber denselben Weg
rückwärts gehen, falls nötig.

Ei-zyklopädie

Wenn du ein Ei aufsammelst, male den
entsprechenden Kreis aus. Hast du den Zauber
des Eis aufgebraucht, streiche das Ei durch.

 ○ Schweige-zauber

 ○ Holzfäller-säge

 ○ Schlaf-zauber

 ○ Geige

 ○ Amulett der Alleskraft

 ○ über Wasser gehen

 ○ ein Leben wiedergewinnen

○ Verpflegung

● ein Leben verlieren

Fülle jeweils einen Kreis aus, bis du alle drei Leben verloren hast. ○ ○ ○

START →

Zeichne jedes Mal das Muster des Eis ein, das du verbrauchst.

Ein Schleimtroll kommt unter der Brücke hervor-gekrochen. Schläfere ihn mit einem deiner Eier ein.

Du weckst eine schlafende Geisterfrau. Wenn sie noch lauter schreit, wirst du taub.

Um an das Ei hinter dem Adler zu kommen, musst du ihn mit Futter ablenken.

In den nebligen Bergen begegnest du einem Riesen. Er kann Musik nicht ausstehen.

Kannst du dir deinen Weg durch diesen dichten Wald schlagen?

Du brauchst eins deiner Zaubereier, um über dieses tiefe Wasser zu gelangen.

Hast du das Amulett der Alleskraft aufgesammelt? Du brauchst es, um den Drachen zu besiegen.

FÜNFZIG STAATEN

Die USA sind ein riesiges Land, das in 50 Bundesstaaten unterteilt ist. Du findest heraus, wie die Staaten heißen und wo sie liegen, wenn du die Karte mit der Legende vergleichst.

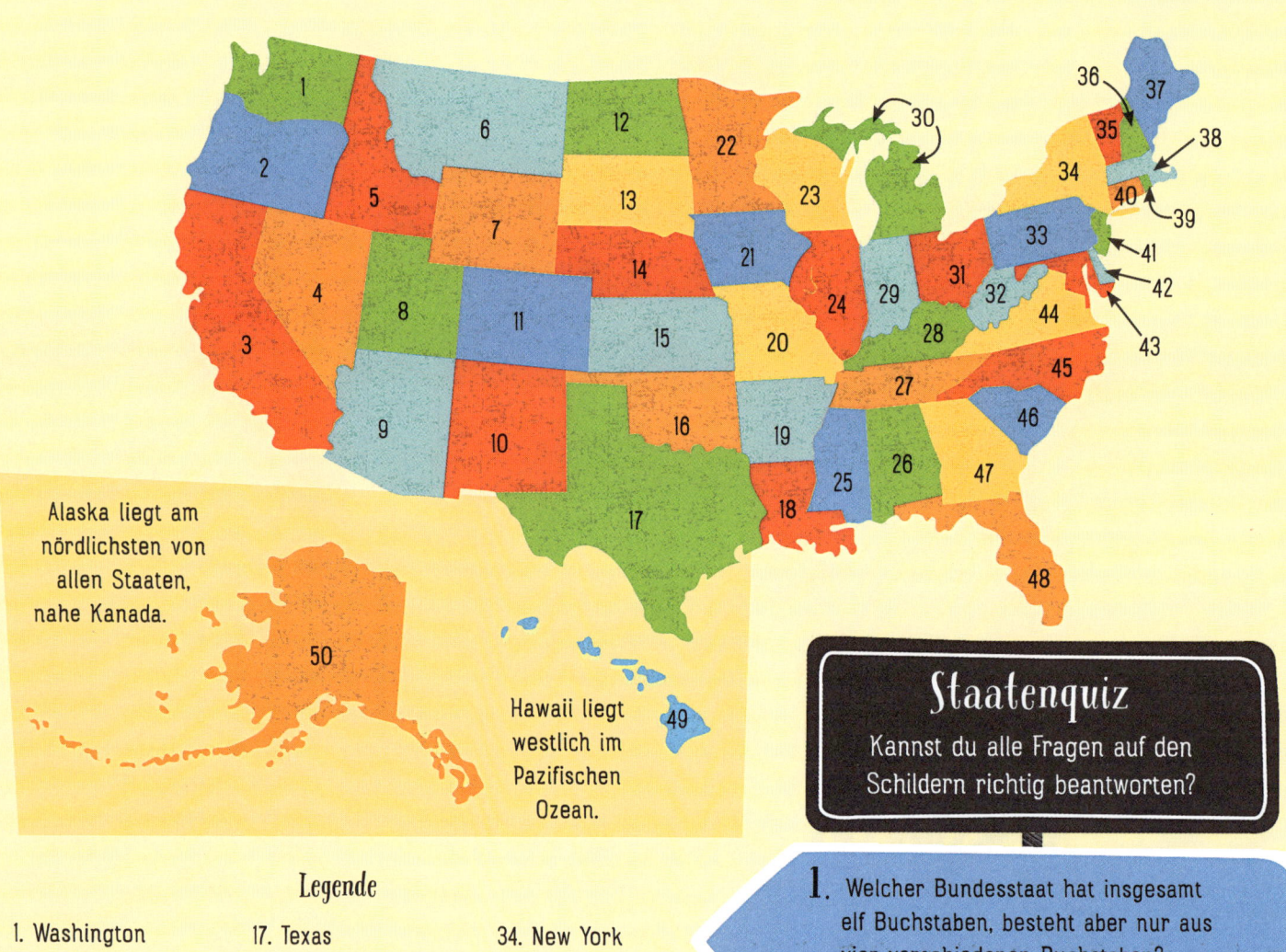

Alaska liegt am nördlichsten von allen Staaten, nahe Kanada.

Hawaii liegt westlich im Pazifischen Ozean.

Legende

1. Washington
2. Oregon
3. Kalifornien
4. Nevada
5. Idaho
6. Montana
7. Wyoming
8. Utah
9. Arizona
10. New Mexico
11. Colorado
12. North Dakota
13. South Dakota
14. Nebraska
15. Kansas
16. Oklahoma

17. Texas
18. Louisiana
19. Arkansas
20. Missouri
21. Iowa
22. Minnesota
23. Wisconsin
24. Illinois
25. Mississippi
26. Alabama
27. Tennessee
28. Kentucky
29. Indiana
30. Michigan
31. Ohio
32. West Virginia
33. Pennsylvania

34. New York
35. Vermont
36. New Hampshire
37. Maine
38. Massachusetts
39. Rhode Island
40. Connecticut
41. New Jersey
42. Delaware
43. Maryland
44. Virginia
45. North Carolina
46. South Carolina
47. Georgia
48. Florida
49. Hawaii
50. Alaska

Staatenquiz

Kannst du alle Fragen auf den Schildern richtig beantworten?

1. Welcher Bundesstaat hat insgesamt elf Buchstaben, besteht aber nur aus vier verschiedenen Buchstaben?

....

2. Wie viele Staaten grenzen an Colorado?

....

3. Wie heißt der Staat, der direkt über Louisiana liegt?

....

4. Welcher Buchstabe des Alphabets (ohne Umlaute) kommt in keinem Staatennamen vor?

....

Staatensuche

Findest du in diesem Buchstabenraster die Namen aller 50 Staaten? Sie können senkrecht, waagerecht und diagonal sowie vorwärts und rückwärts geschrieben sein.

```
Z T U S R I O N A Q Y C O L O R A D O M A Q Y S A X G
A N A T N O M P L K V I R G I N I A E C K T J T O U D
Q N E I N R O F I L A K W N M V Q Z E Y E D E J L P A
Y M T O P E X E R A W A L E D C N B S A N O Z I R A N
S O U T H D A K O T A S K B I P P I S S I S S I M I B
I L M V T Q W V C H A W A I I B M C E Y T C P J S O K
A Y H W I C R H O D E I S L A N D J N O K T R N E G R
M A N A I S I U O L K Y A N A M Q V N H G C O O S K O
N T K R A Y W O N T B N L A E K O E E A W C U R G J Y
O V P J N O T G N I H S A W T W P H T D S G V T W L W
G G S A S N A K R A Y R S M D O H T A I C H B H N Q E
E N Q E F L A K S A B A K H K S S A W L W R V D P E N
R I N E W J E R S E Y X A G F D I E M E K Z S A Y L K
O M A G V L P O C D N A L Y R A M O N P F O H K I U F
N O R T H C A R O L I N A C O H B Z N N S T A O N S M
T Y Q H J Z N E B R A S K A X O I P O I I H D T E Z L
I W A N I L O R A C H T U O S Q E T N G L M I A W B G
X O L U Z R A X C M I C H I G A N V I A W L N R M T X
E I W V E R M O N T D Z P E N N S Y L V A N I A E E K
N O N A I G T U C I T C E N N O C I O G S P A T X X A
I T H H K M F L O R I D A F S E A I G R O E G H I A N
A N A I D N I V U Y P F I R U O S S I M D Z O F C S S
M L T H E O A I N I G R I V T S E W K J A I N E O D A
F M U C S T T E S U H C A S S A M D U F H X A P H U S
A L A B A M A I E S Q M N E V A D A I O S Y R J I M W
```

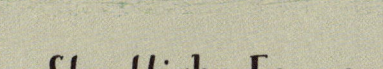

Staatliche Formen

Finde die Staaten auf diesen Schildern anhand ihrer Form.

A.

B.

C.

....

HANDELSSTRASSEN

Viele Jahrhunderte lang nutzten Kaufleute aus Afrika, Europa und Asien
die auf dieser Karte dargestellten Wege, um miteinander Handel zu treiben.
Zusammen bildeten diese Routen die sogenannte Seidenstraße.

EUROPA

Rom

2 Tage 1 Tag

Konstantinopel

Athen

9 Tage

116 Tage

Kokand

27 Tage

ASIEN

Dunhuang

36 Tage

Anyang

Seleukia

14 Tage

9 Tage

13 Tage

12 Tage

45 Tage

14 Tage

7 Tage

Alexandria

Charakene

52 Tage

Taxila

11 Tage

Hotan

10 Tage

Chang'an

12 Tage

22 Tage

Buchara

39 Tage

AFRIKA

77 Tage

Hanoi

Muza

Diese Karte gibt an, wie
lange die Reisen zwischen
den Städten mit einem blauen
Punkt mitunter dauerten.

32 Tage

Poduke

22 Tage

53 Tage

Kamele, Esel, Pferde und
Schiffe transportierten die Waren
auf der Seidenstraße.

Mombasa

Lange Wartezeiten

Wie lange dauert es, bis die Waren bei den Händlern ankommen, wenn sie jeweils auf dem kürzesten Weg
transportiert werden? Sieh auf der Karte nach und rechne die Reisetage für die einzelnen Routen zusammen.

1. Ich erwarte eine Lieferung
von Gewürzen aus Poduke.
Sie sollen über Muza zu mir
nach Alexandria kommen.

3. Ich warte auf Wolle
aus Taxila. Sie kommt über
Buchara, Dunhuang und
Chang'an, bevor sie hier in
Hanoi ankommt.

4. Wir wohnen in Rom und
haben Seide aus Anyang bestellt.
Die Handelsroute verläuft über
Kokand, Seleukia und Athen.

2. Wann werden meine
Vasen Mombasa erreichen?
Sie kommen per Schiff aus
Hanoi mit einem kurzen
Zwischenstopp in Poduke.

.... Tage   .... Tage   .... Tage   .... Tage

Vervollständige die Reise

Schreibe die fehlenden Städtenamen in das Reisetagebuch des Seidenstraßenhändlers. Verfolge den Weg auch auf der Karte.

Wir fuhren los in ....

und kamen nach zwölf Tagen in Hanoi an.

Von dort reisten wir gen Westen und segelten dann nach

................................., um Gewürze aufzunehmen.

Nach kurzer Rast reisten wir weiter gen Norden nach

.... und in nordwestliche

Richtung bis nach Taxila.

Die Reise von 74 Tagen über ....

nach Alexandria war hart. Wir ruhen uns jetzt aus, bevor wir

zum letzten und längsten Teil unserer Reise in südöstliche

Richtung nach .... aufbrechen.

Teure Tuchwaren

Chinesische Seide war im alten Rom sehr begehrt. Der Stoff war wertvoller als Gold.

Das Tuch ist wunderschön ... aber ich müsste dafür meine gesamten Besitztümer verkaufen!

Vorsicht, Banditen!

Räuber gehörten zu den größten Gefahren auf der Seidenstraße. Lies die folgenden Berichte und markiere die Routen auf der Karte, wo Banditen lauern. Findest du den einzigen Weg, um Handelsgüter sicher von Chang'an nach Rom zu bringen?

Zwischen Dunhuang und Hotan und auf der Strecke von Poduke nach Buchara treiben Räuber ihr Unwesen.

Banditen lauern auf dem Gebirgsweg zwischen Kokand und Konstantinopel. Das Gleiche gilt für die beiden Strecken, die nach Anyang führen.

Es ist zu gefährlich, von Muza nach Alexandria zu reisen. Auch die beiden Straßen, die aus Seleukia herausführen, sind besetzt.

Notiere die sechs Städte, die auf deinem Weg liegen ...

Chang'an

....

....

....

....

....

....

Rom

Vorsicht vor Piraten zwischen Poduke und Mombasa!

MALE DEINE EIGENE KARTE

Fülle diese Doppelseite mit sagenhaften Inseln und stürmischen Meeren und allen anderen Dingen, die es dort geben könnte.

HIER WÜTEN DRACHEN!

Diese Insel ist voller Felsen und Schluchten.

Male kleine Wellen ...

und RIESIGE Wellen.

Was du in deine Karte einzeichnen könntest:

Male deine
eigene Insel.

Zeichne die
Flüsse weiter.

Vielleicht wohnt hier
ein Seeungeheuer?

Wenn deine Karte fertig ist, zeichne
eine gepunktete Linie ein, auf
der dieses Schiff zwischen den Inseln
hindurchfährt oder sie umrundet.
Welchen Weg wird es nehmen?

ERFORSCHE SÜDAMERIKA

Entdecke hier die Länder Südamerikas und einige spektakuläre Orte auf diesem Kontinent.

Vervollständige die Karte

Lies die Beschreibungen unten. Schreibe dann die Nummern in die Kreise auf der Karte, um die sechs in der Legende aufgeführten Länder zu bestimmen.

Legende

1. Brasilien
2. Peru
3. Bolivien
4. Argentinien
5. Venezuela
6. Ecuador

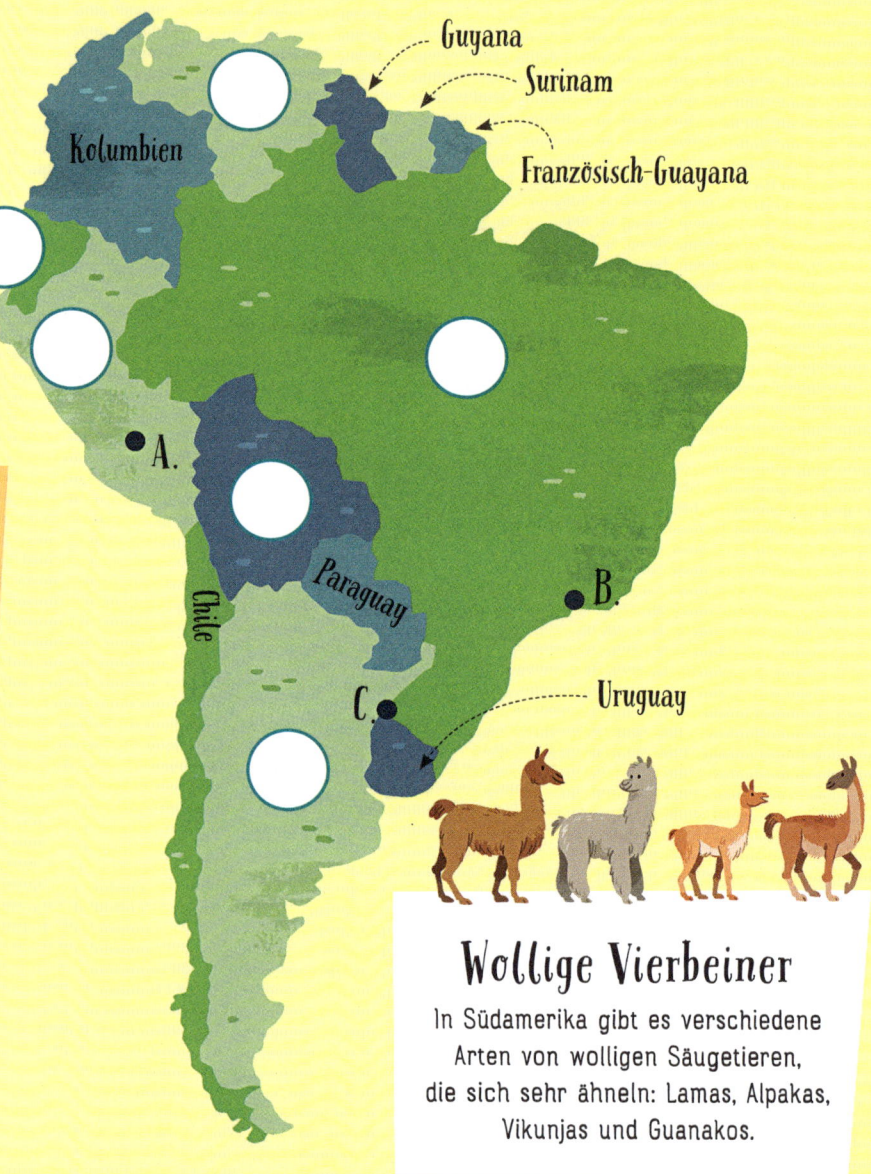

Beschreibungen

Bolivien grenzt an Paraguay, Argentinien und Chile.

Peru grenzt an Chile, Bolivien und Brasilien.

Argentinien liegt in der südlichen Hälfte von Südamerika.

Venezuela grenzt an Brasilien und Kolumbien

Ecuador grenzt an nur zwei andere Länder.

Wollige Vierbeiner

In Südamerika gibt es verschiedene Arten von wolligen Säugetieren, die sich sehr ähneln: Lamas, Alpakas, Vikunjas und Guanakos.

Faszinierende Sehenswürdigkeiten

Welcher Buchstabe zeigt die folgenden Sehenswürdigkeiten auf der Karte an?

Christusstatue
in Rio de Janeiro, Brasilien

Iguazú-Wasserfälle
die größten Wasserfälle der Erde, zwischen Brasilien und Argentinien

Machu Picchu
Ruinen einer alten Stadt in Peru

Riesiger Regenwald

Der Amazonas-Regenwald ist größer als alle Regenwälder der Welt zusammen. Er erstreckt sich über Teile von Brasilien, Peru, Kolumbien, Venezuela, Ecuador, Bolivien, Guyana, Surinam und Französisch-Guayana.

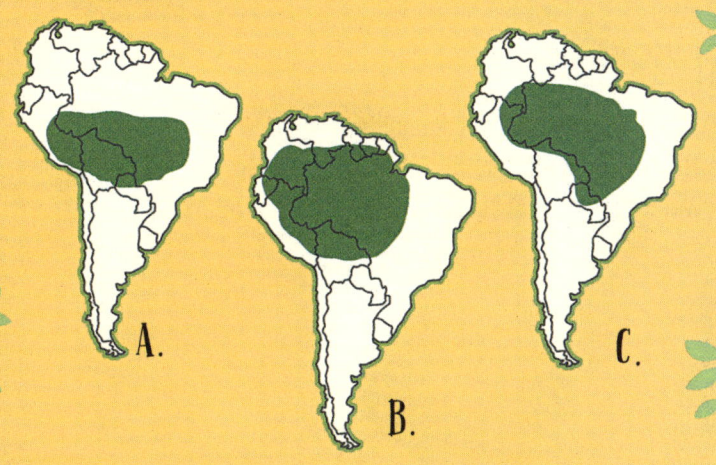

A.

B.

C.

Welche dieser kleinen Karten zeigt die Ausbreitung des Amazonas-Regenwaldes korrekt an?

....

Tiere des Dschungels

Im Amazonas-Regenwald leben Tausende verschiedener Tierarten. Die Buchstaben auf dem richtigen Weg zur Mitte des Labyrinths ergeben den Namen einer Gattung von großen Schlangen, die dort im Dschungel leben.

Start

Zisch! Welche Schlange bin ich?

....

Moai-Köpfe

Die Osterinsel ist eine abgelegene Insel im Pazifischen Ozean, westlich von Chile. Auf dieser Insel stehen über 800 Steinstatuen mit riesigen Köpfen. Die sogenannten Moai wurden vor mehreren Hundert Jahren erschaffen.

Welche dieser Moai-Statuen gehört nicht zu einem identischen Paar?

HINTER FEINDLICHEN LINIEN

Während des Zweiten Weltkrieges schickten Geheimdienste manchmal Karten und verschlüsselte Nachrichten in gut getarnten Paketen an Menschen, die in Feindeshand geraten waren. Die Gefangenen konnten mit diesen Hilfsmitteln entkommen.

Stille Karten

Die Geheimdienste schickten niemals Karten, die auf Papier gedruckt waren. Sie verwendeten Materialien, die sich leicht falten ließen, nicht rissen oder brachen und keine Geräusche machten. Welches Material haben sie wohl verwendet?

Porzellan

Seide

Karton

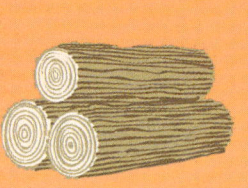
Holz

Brief in die Freiheit

Die gefangen genommene Spionin Lily Smith erhält ein Paket vom Geheimdienst. Es enthält eine Karte (siehe nächste Seite) und einen Brief mit Informationen über ihren Fluchtplan.

Der erste Buchstabe jedes Satzes im Hauptteil des Briefes ergibt den Namen des Gefängniswärters, der ihr helfen wird.

....

Schreibe alle Zahlen auf, die im Brief genannt sind, um das Fluchtdatum herauszufinden.

___ / _____

Die höher gedruckten Buchstaben in manchen Wörtern ergeben den Ort, wo sie als Nächstes hingehen muss.

....

Liebe Lily!

Wenn ich einen Brief von dir bekomme, lese ich ihn mindestens drei Mal. Es erinnert mich an die Briefe, die du mir früher immer geschrieben hast. Reisen war schon immer eins der Dinge, die du geliebt hast.

Nicht viel hat sich hier geändert. Erika hat zwei neue Schulfreundinnen, Sigrun und Marianne, die letztes Wochenende bei uns zu Besuch waren, um Weihnachtsplätzchen zu backen. Reizende Mädchen sind das.

Alles Liebe

Herbert

Die große Flucht

Der Gefängniswärter gibt Lily eine Karte, damit sie zu einem Schiff namens *Mausefalle* gehen kann. Findest du einen sicheren Weg für Lily, der sie nicht an feindlichen Soldaten vorbeiführt?

Legende

feindlicher Soldat

Schiff

Lagerhaus

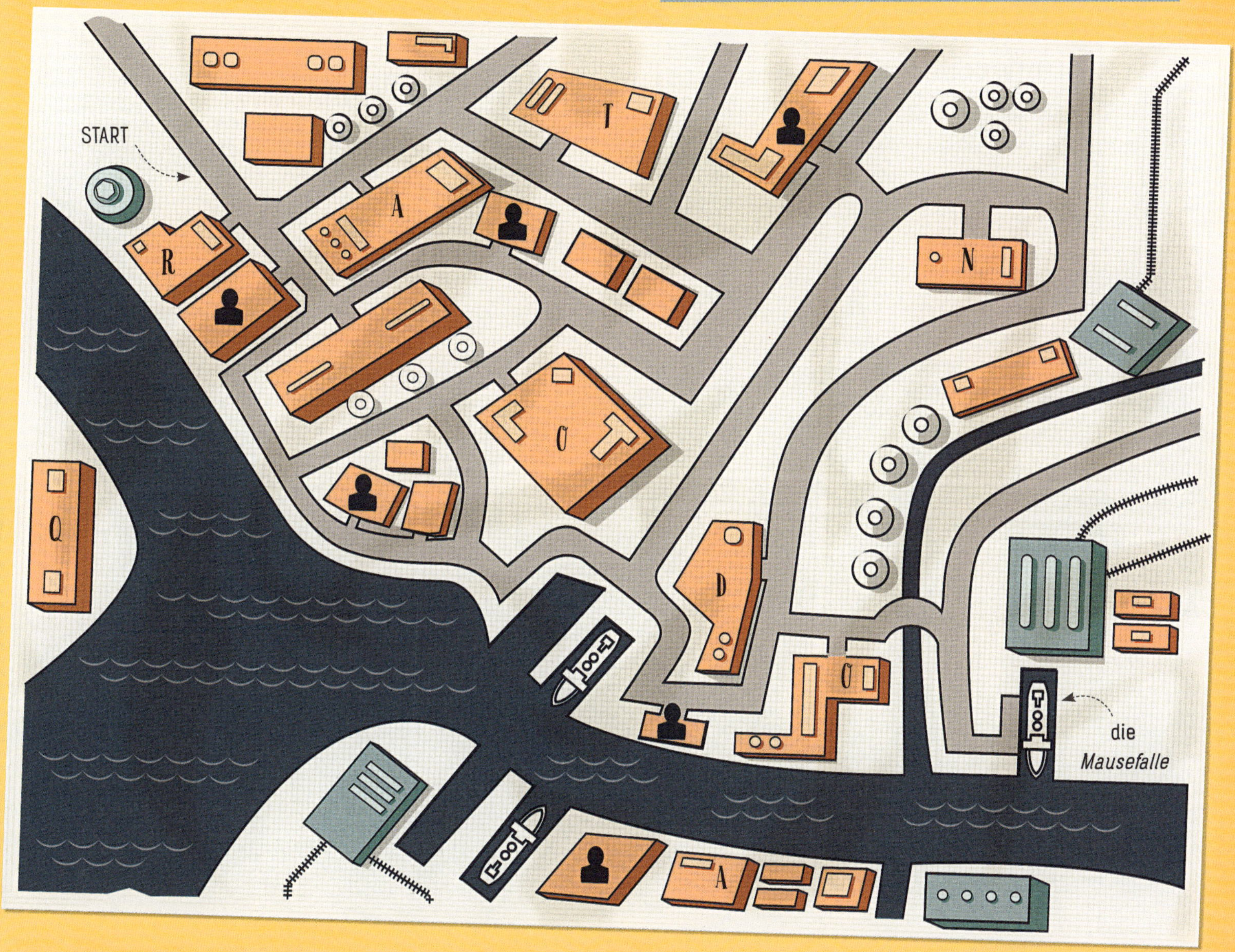

START

die *Mausefalle*

Geheimes Kennwort

Lily braucht ein Kennwort, um an Bord der *Mausefalle* zu kommen. Das Wort erhältst du, wenn du die Buchstaben auf den Lagerhäusern, an denen sie vorbeiging, in die richtige Reihenfolge bringst. Wie lautet das Kennwort?

....

(Unten auf der nächsten Seite findest du einen versteckten Hinweis.)

Gute Verstecke

Die Geheimdienste verbargen Karten dort, wo Gefängniswärter sie nicht vermuteten. Manche Karten steckten sogar in den Spielbrettern von Brettspielen.

IM FREIZEITPARK

Im Freizeitpark Wunderwelt gibt es viele aufregende Fahrgeschäfte und zahlreiche Restaurants für jeden Geschmack. Du findest sie alle auf dieser Karte.

Ticketsuche

Schreibe die Namen der beiden Fahrgeschäfte auf die gepunkteten Linien, die auf der Eintrittskarte noch fehlen.

Eintrittskarte zur Wunderwelt

Schlangenjagd .... Wackelnde Wipfel

Dino-Karussell   Mississippi-Splash   Space-Coaster

Irrer Garten   Das Piratenschiff ....

Oktokapseln   Die wilde Gletscherbahn   Mount Vulcano

Eingang

Schlangenjagd

Irrer Garten

Oktokapseln

Dino-Karussell

Das Piratenschiff

Skyfall

Hm, lecker!

Wo arbeiten diese beiden Mitarbeiter des Freizeitparks?

42

Hinweis für Seite 41: Es hat etwas mit dem Wetter zu tun.

Sag mal „AHHHHHHHH!"

Weißt du, in welchem Fahrgeschäft diese Schnappschüsse aufgenommen wurden?

Wackelnde Wipfel

Space-Coaster

Die wilde Gletscherbahn

Der Große Geier

Mount Vulcano

Mississippi-Splash

Wer war wo?

Wo waren diese drei Wunderwelt-Besucher gerade?

1. Ich bin klitschnass!

....
....

2. Jawoll! Ich habe es bis zur Mitte geschafft.

....

3. Würg ... drei Loopings ...

....
....

GEHEIMSTRASSEN

Kluge Kartenhersteller zeichnen nicht existierende Straßen oder andere falsche Details in Karten ein. Dadurch können sie erkennen, ob ein anderes Unternehmen ihre Karten kopiert hat. Diese absichtlichen Fehler werden als *Trap Streets* bezeichnet (auf Deutsch: „Fallenstraßen").

Raubkopie

Karte A enthält drei *Trap Streets*. Karte B oder Karte C ist eine Raubkopie. Vergleiche alle drei Karten ganz genau und markiere die Fallenstraßen auf der Raubkopie.

A.

B.

C.

Versteckte Hinweise

Aus Sicherheitsgründen sind Gebäude auf Karten manchmal getarnt. Auf der Karte rechts befindet sich irgendwo eine Geheimdienstzentrale. Um den tatsächlichen Standort herauszufinden, musst du die fehlenden Buchstaben notieren und in die richtige Reihenfolge bringen. In welchem Gebäude sitzt der Geheimdienst?

Fehlende Buchstaben

_ _ _ _ _ _ _

Die Geheimdienstzentrale ist als

....

getarnt.

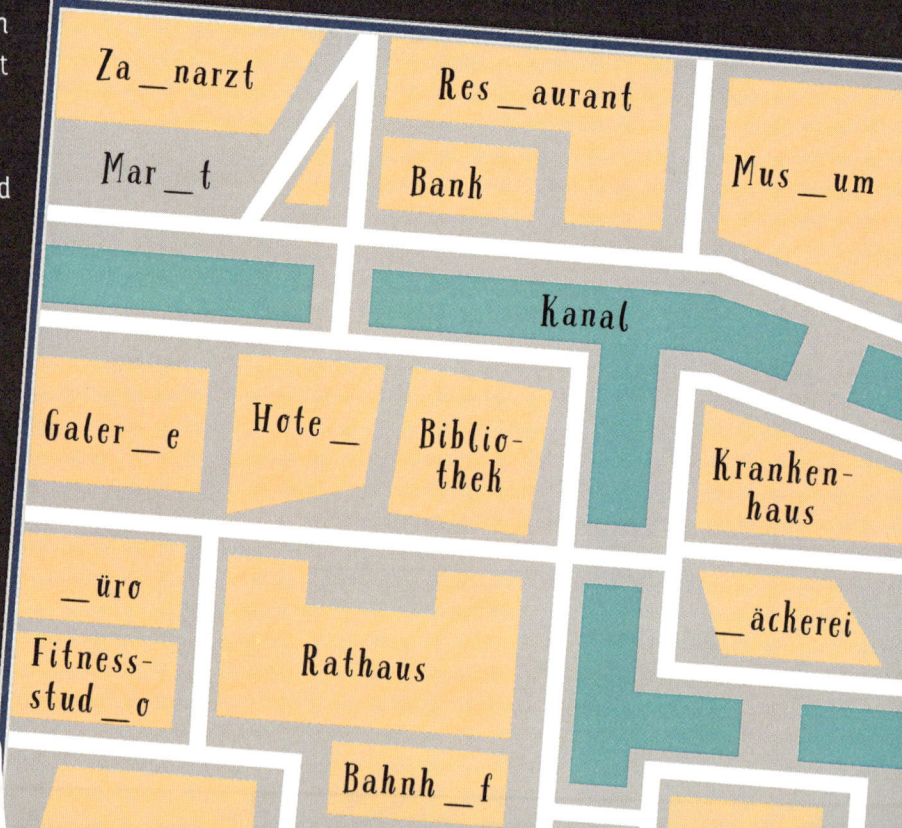

Za__narzt

Res__aurant

Mar__t

Bank

Mus__um

Kanal

Galer__e

Hote__

Biblio-
thek

Kranken-
haus

__üro

__äckerei

Fitness-
stud__o

Rathaus

Bahnh__f

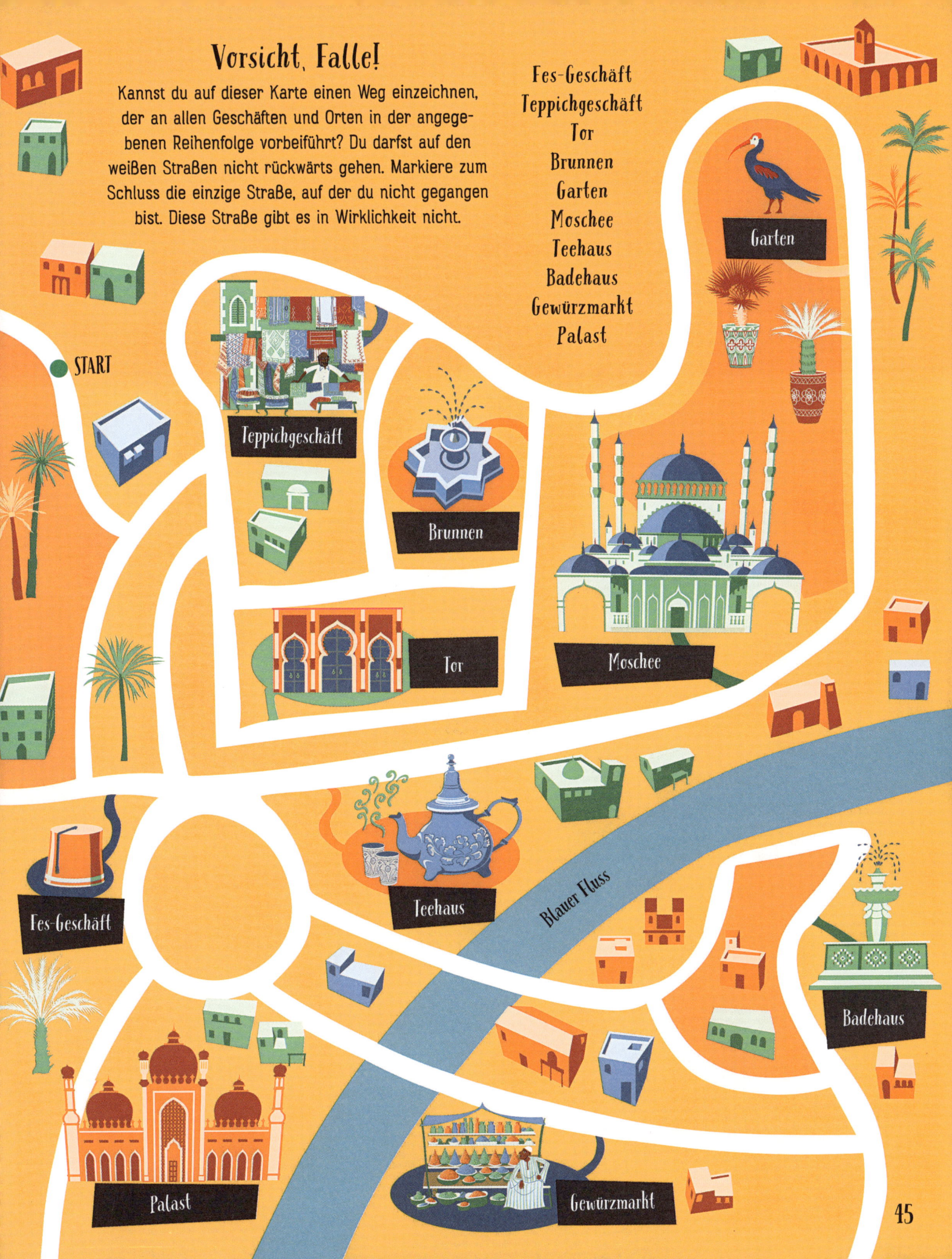

Vorsicht, Falle!

Kannst du auf dieser Karte einen Weg einzeichnen, der an allen Geschäften und Orten in der angegebenen Reihenfolge vorbeiführt? Du darfst auf den weißen Straßen nicht rückwärts gehen. Markiere zum Schluss die einzige Straße, auf der du nicht gegangen bist. Diese Straße gibt es in Wirklichkeit nicht.

Fes-Geschäft
Teppichgeschäft
Tor
Brunnen
Garten
Moschee
Teehaus
Badehaus
Gewürzmarkt
Palast

Garten

START

Teppichgeschäft

Brunnen

Moschee

Tor

Teehaus

Blauer Fluss

Fes-Geschäft

Badehaus

Palast

Gewürzmarkt

45

AUF EUROPAREISE

Auf dieser Bildkarte findest du einige der Sehenswürdigkeiten, die jedes Jahr viele Millionen Besucher nach Europa locken.

Wer war wo?

Lies die Hinweise und vergleiche die Karte mit diesen Urlaubsfotos, um zu bestimmen, welche Reisenden wohin gefahren sind.

Frankie war an der Ostsee.

Sam war in der Hauptstadt von Italien.

Ali war in einem der nördlichsten Länder Europas.

A. ....

B. ....

C. ....

Souvenirs, Souvenirs

Zeichne die richtigen Symbole auf die Preisschildchen, um die Währungen anzuzeigen, in denen diese Andenken verkauft werden. Auf der Karte findest du wichtige Hinweise.

£   Britisches Pfund

€   Euro (in vielen euro-päischen Ländern)

Kr.   Norwegische Krone

₽   Russischer Rubel

I ♥ BREZELN

Island

Vereinigtes Königreich

Irland

Atlantischer Ozean

Frankreich

Portugal

Spanien

Andorra

Regionale Küche

Finde auf der Karte die Gerichte, die unten beschrieben sind. Verbinde dann die Gerichte mit den richtigen Flaggen.

Mămăligă
(gelber Maisbrei)

Frankreich

Borschtsch
(Rote-Bete-Suppe)

Rumänien

Bouillabaisse
(Fischsuppe)

Ukraine

Schweden

Finnland

Norwegen

Estland

Russland

Lettland

Nordsee

Ostsee

Litauen

Kaliningrad
(Russland)

WeißRussland

Dänemark

Niederlande

Polen

Ukraine

Belgien

Deutschland

Luxemburg

Tschechien

Slowakei

Moldawien

Liechtenstein

Österreich

Ungarn

Rumänien

Schweiz

Slowenien

Kroatien

Schwarzes
Meer

Bosnien

Serbien

Monaco

Montenegro

Bulgarien

Italien

Kosovo

Albanien

Nord-
mazedonien

Türkei

Griechenland

Zypern

Mittelmeer

47

TIEFENKARTEN

Im 18. Jahrhundert versuchten Seefahrer und Entdecker, Karten vom Grund des Meeres zu erstellen. Sie ließen schwere Gewichte an Seilen ins Wasser, bis diese auf dem Boden landeten. Dann markierten sie die Seile und zogen sie wieder hoch, um die Tiefe des Wassers zu messen.

Gewichte über Bord

Kannst du auf diesem Bild den Meeresboden einzeichnen?

Beginne hier.

Kartenvergleich

Welche dieser Kartenrollen stimmt mit dem Meeresboden überein, den du oben gezeichnet hast?

A.

B.

C.

D.

Lausige Karten

Manchmal waren die Seile der Seefahrer zu kurz, um den Meeresboden zu erreichen. Ihre Karten waren dann nicht besonders zuverlässig.

48

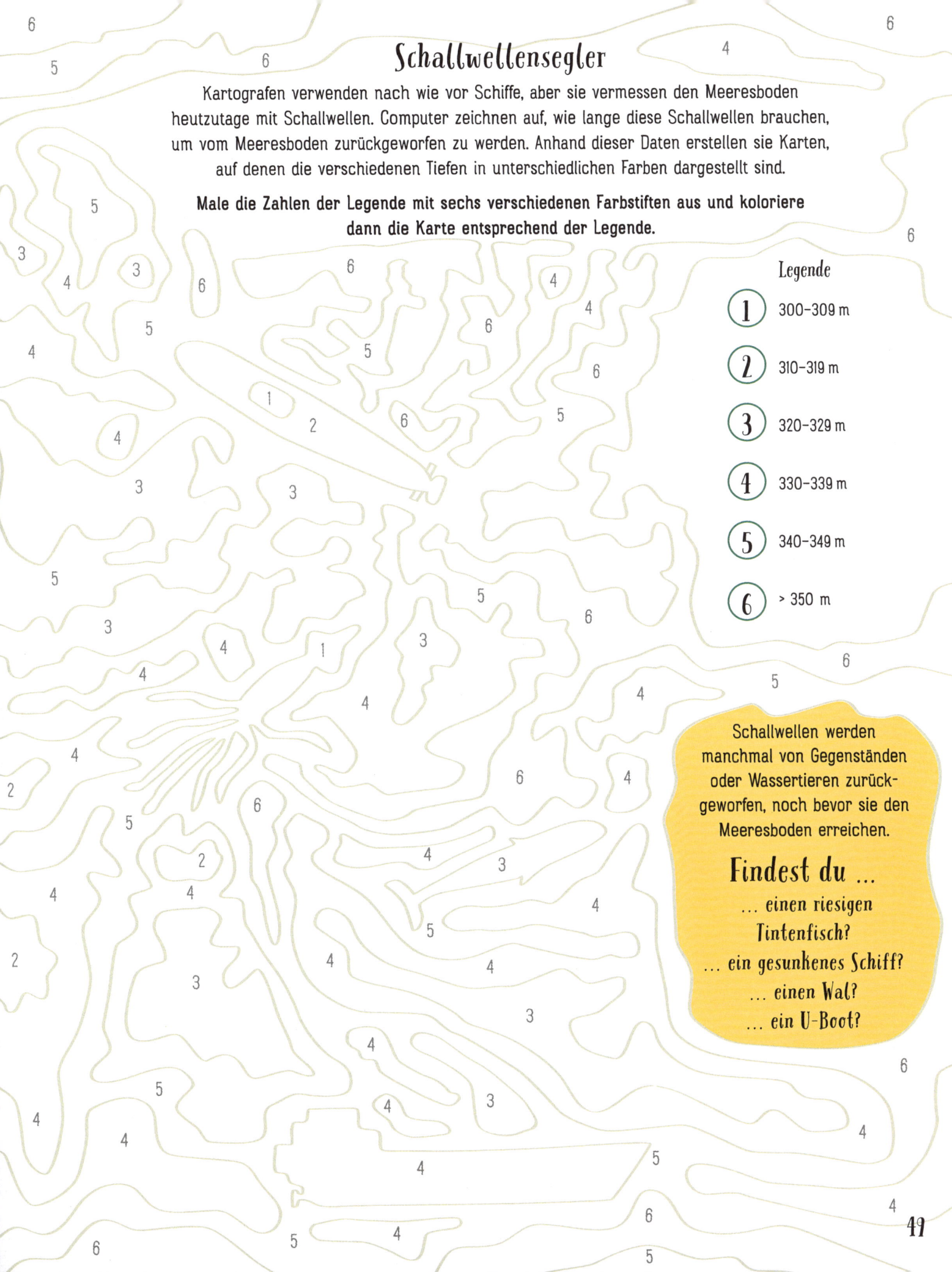

Schallwellensegler

Kartografen verwenden nach wie vor Schiffe, aber sie vermessen den Meeresboden heutzutage mit Schallwellen. Computer zeichnen auf, wie lange diese Schallwellen brauchen, um vom Meeresboden zurückgeworfen zu werden. Anhand dieser Daten erstellen sie Karten, auf denen die verschiedenen Tiefen in unterschiedlichen Farben dargestellt sind.

Male die Zahlen der Legende mit sechs verschiedenen Farbstiften aus und koloriere dann die Karte entsprechend der Legende.

Legende

1 300–309 m
2 310–319 m
3 320–329 m
4 330–339 m
5 340–349 m
6 > 350 m

Schallwellen werden manchmal von Gegenständen oder Wassertieren zurückgeworfen, noch bevor sie den Meeresboden erreichen.

Findest du ...

... einen riesigen Tintenfisch?
... ein gesunkenes Schiff?
... einen Wal?
... ein U-Boot?

49

STERNKARTEN

Sternkarten oder Himmelskarten zeigen die Sternbilder, die am Nachthimmel zu sehen sind. Alte Himmelskarten enthielten oft kunstvolle Darstellungen der Tiere, Gestalten oder Gegenstände, die den Sternbildern ihren Namen gaben.

Muster finden

Die großen Himmelskarten auf diesen beiden Seiten zeigen einige Sternbilder, die immer im April sichtbar sind. Findest du diese fünf Konstellationen in den Himmelskarten?

Menschen, die auf der nördlichen Erdhalbkugel oder Nordhemisphäre wohnen, sehen andere Sterne als die Bewohner der südlichen Erdhalbkugel. Manche Sternbilder sind auf beiden Hemisphären zu sehen.

Norden oder Süden?

Finde die Sternbilder, die diese Sternbeobachter entdeckt haben. Kannst du herausfinden, ob sie auf der nördlichen (N) oder auf der südlichen (S) Halbkugel wohnen?

Dieses Sternbild sieht aus wie ein Vogel mit langen Schwanzfedern.

Ich sehe doppelte Gestalten.

Ich sehe ein Tier mit einem Giftstachel.

Ooh, schaut mal, der König der Tiere!

N/S   N/S   N/S   N/S

SÜDLICHE ERDHALBKUGEL

Fische
Wassermann
Walfisch
Adler
Eridanus
Phönix
Steinbock
Skorpion
Schlangenträger
Orion
Schiff Argo
Pfau
Großer Hund
Zentaur
Waage
Wasserschlange
Rabe

Sternhell

Der hellste Stern am Himmel heißt Sirius oder Hundsstern. Findest du ihn auf der Karte?

ANTIKE KARTEN

Die allerersten Weltkarten waren ausgesprochen ungenau. Je mehr Erdteile die Entdecker und Geografen jedoch erkundeten, desto besser wurden auch ihre Karten.

Wessen Karte?

Kannst du diesen drei Geografen jeweils die passende Karte zuordnen?

A.

B.

C.

Ich war der Auffassung, die Erde sei von einem ringförmigen Ozean umgeben.

Ich fügte Längen- und Breitengrade ein, um Orte genauer bestimmen zu können.

Ich glaubte, die Erde sei flach und viereckig.

Hekataios von Milet
(vor rund 2500 Jahren)

Claudius Ptolemäus
(vor rund 1850 Jahren)

Kosmas Indikopleustes
(vor rund 1500 Jahren)

Puzzleteile

Welche Teile müssen wo eingesetzt werden, um diese Karte von Südamerika zu vervollständigen? (Die Darstellung basiert auf einer Karte aus dem 16. Jahrhundert.)

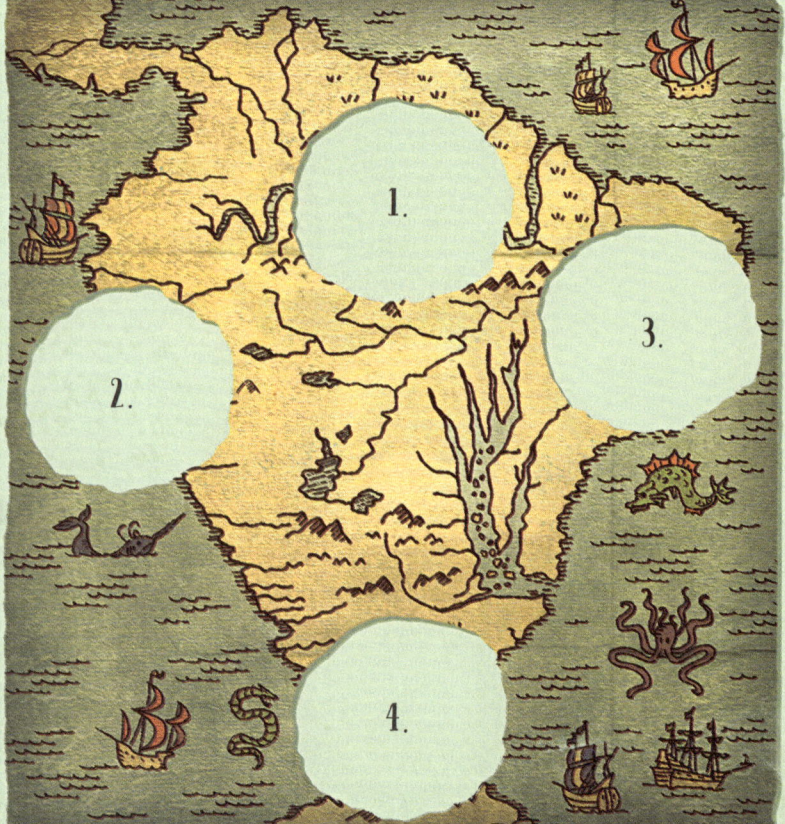

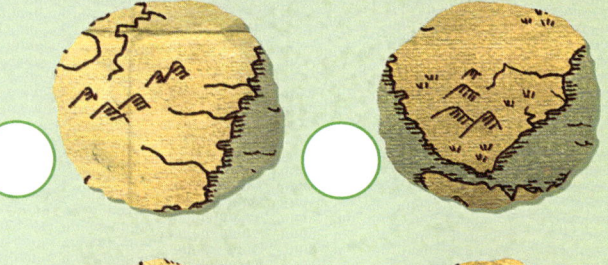

Vergleiche diese Ansicht mit der Karte auf Seite 38.

Auch Ortsnamen haben sich im Laufe der Zeit verändert. Auf dieser Karte siehst du, wie einige Orte, die heute zu London gehören, vor rund eintausend Jahren geschrieben wurden. Kannst du anhand der Schilder unten erraten, wie sie heute heißen? Schreibe die Zahlen 1 bis 7 in die Kreise neben den Schildern.

① HEMSTEDE

GISELDONE

HACA'ESEY ②

③ STRAETFORDA

HAMME

HAMME

TOTTENHEALE

PADINTUNE

LUNDENBURH

STYBBANHYTHE

LYGAN

LUNDENWIC

REDERHEIA

CHENINTON

④ LAMBEHITHA

CERLETONE

WEALAWYRTH

CAMBERWELLE

PECHEHAM

⑥

⑦

GRENEWIC

FULLAN HAMME

BRIXGES STANE

LIOFSHEMA MEARC

⑤ PUTELEI

CLOPPANHAM

○ **HAMPSTEAD**

○ GREENWICH SE10

○ **PECKHAM** SE22

○ **LAMBETH** SE1

○ **STRATFORD**

○ **Hackney** E8

○ PUTNEY

Die erste Straßenkarte?

Eine der ältesten überlieferten Straßenkarten wurde vor 3100 Jahren in Ägypten erstellt. Sie zeigt verschiedene Wege durch ein ausgetrocknetes Flussbett.

LINIENNETZPLÄNE

In großen Städten ist es oft nicht einfach, sich zurechtzufinden. Übersichtskarten des Verkehrsnetzes zeigen den Fahrgästen, wie die Stationen miteinander verbunden sind.

Fehlende Verbindungen

Kannst du die Blaue Linie und die Rote Linie in diesem Netzplan einzeichnen? Die Linien halten an den unten aufgelisteten Stationen. (An den Stationen mit einem Quadrat kann man in eine andere Linie umsteigen.)

Blaue Linie	Rote Linie
Gesundbrücke	Landau
Jadepark	Perlenhof
Elisabethstraße	Spitalmarkt
Leierstraße	Parade
Wassertor	Grüner Park
Lindenberg	Kröteninsel
Aschhauser Straße	Kretzlow
Alexstraße	Weberbrücke
Rohrstraße	Alexstraße
Prinzenplatz	Unterdorf
Kurzstraße	Alte Schranke
Sackendorf	
Langer Weg	

Findest du zwei Stationen auf der Karte, die ein Tier in ihrem Namen tragen?

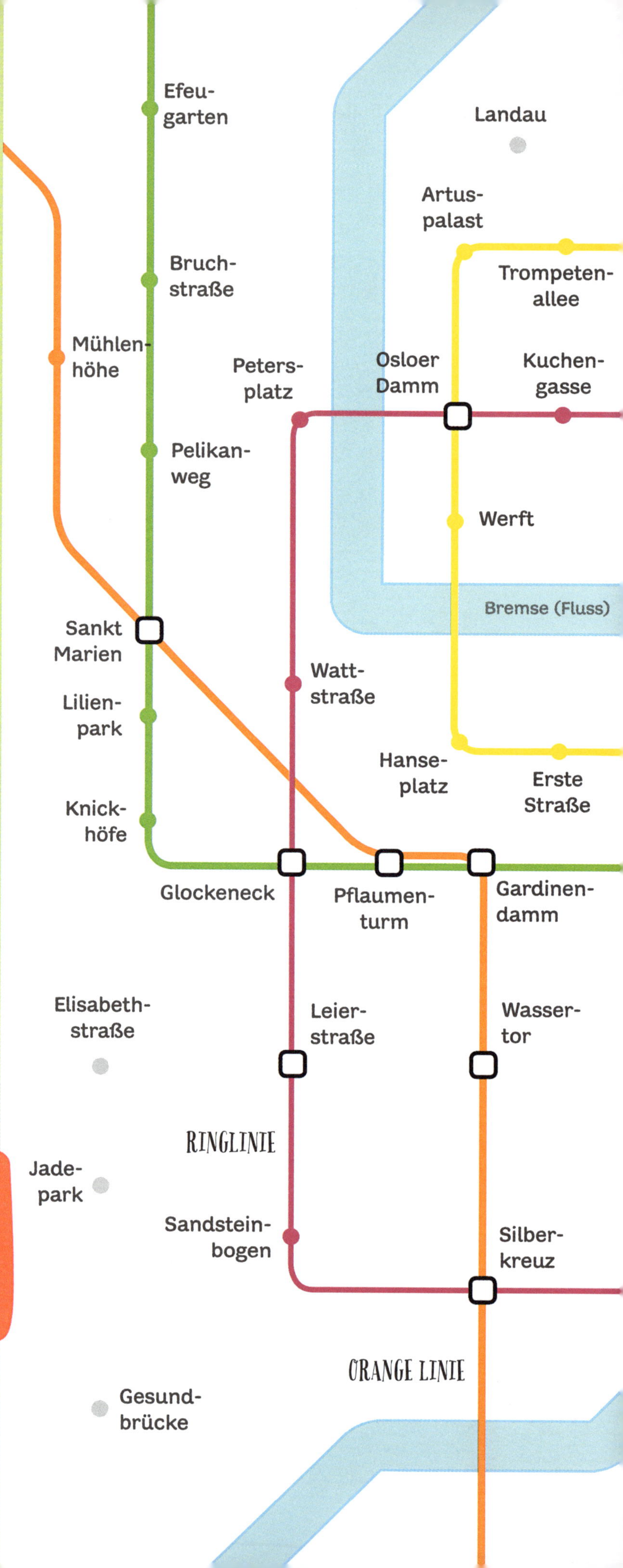

Efeu-garten

Landau

Artus-palast

Bruch-straße

Trompeten-allee

Mühlen-höhe

Peters-platz

Osloer Damm

Kuchen-gasse

Pelikan-weg

Werft

Bremse (Fluss)

Sankt Marien

Watt-straße

Lilien-park

Hanse-platz

Erste Straße

Knick-höfe

Glockeneck

Pflaumen-turm

Gardinen-damm

Elisabeth-straße

Leier-straße

Wasser-tor

RINGLINIE

Jade-park

Sandstein-bogen

Silber-kreuz

ORANGE LINIE

Gesund-brücke

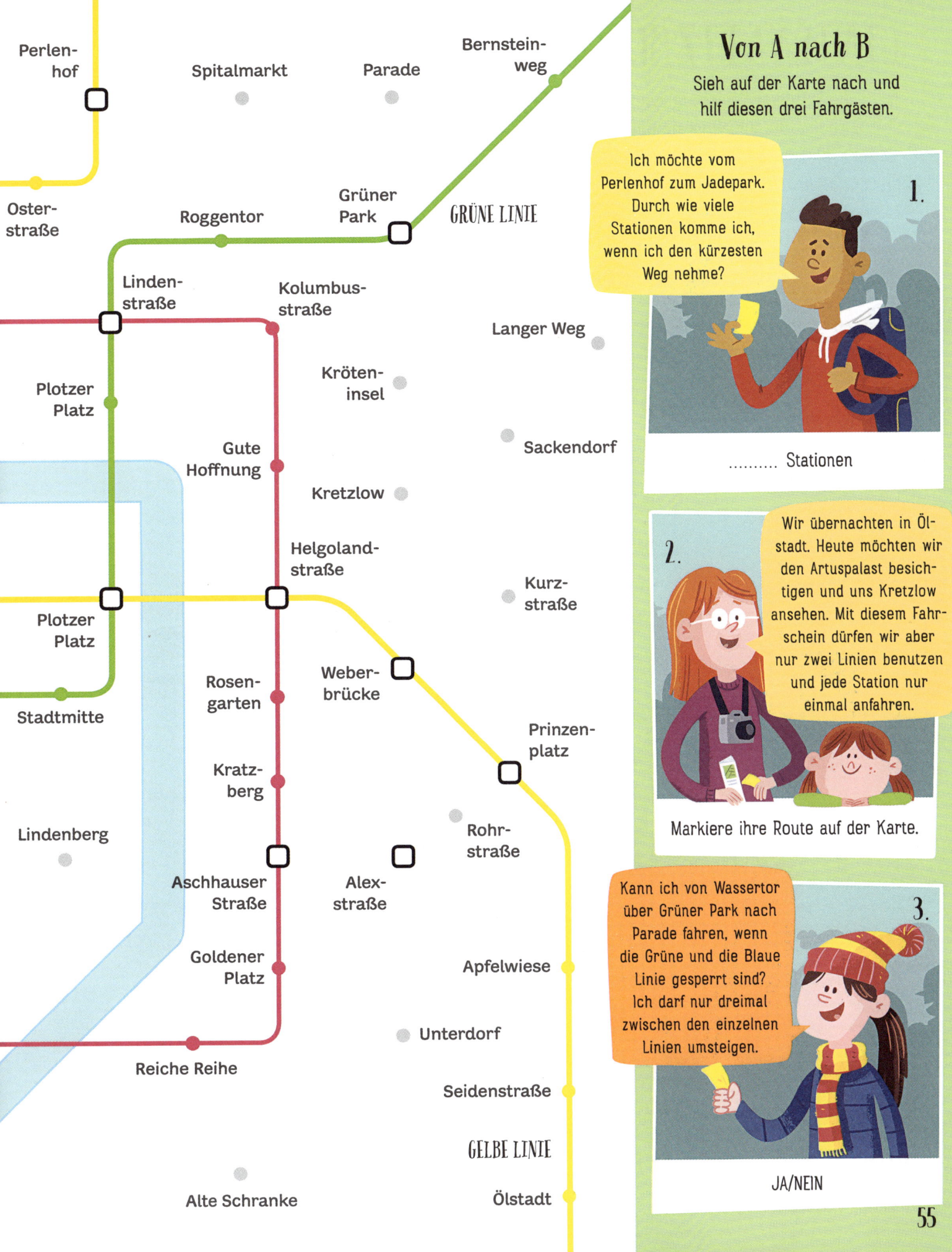

DIE REISE EINES HELDEN

Auf dieser Karte siehst du einige Orte, die der griechische Sagenheld Odysseus
auf seinen Reisen besucht haben soll.

Ein sehr langer Heimweg

Nach dem großen Krieg in Troja wollte Odysseus in seine Heimat auf der Insel Ithaka
zurücksegeln. Unterwegs erwarteten ihn jedoch viele unvorhergesehene Abenteuer.

Lies Odysseus' Bericht unten auf der Seite und zeichne seine Reiseroute ein ...

Land der Laistrygonen
Haus der Kirke
Insel der Sirenen
Insel des Polyphem
Charybdis
Skylla
Land der Lotosesser
Insel der Kalypso
Berg Olymp
Troja
Ithaka

Tag 1 Heute Morgen von Troja in See gestochen. Wetter sieht gut aus. Wir müssten also in einigen Wochen wieder in Ithaka sein.

Tag 30 Welch ein Unglück! Ein Sturm hat uns vom Kurs abgebracht und an eine Insel im fernen Westen getrieben. Meine Mannschaft hat Lotosfrüchte (eine hiesige Köstlichkeit) gegessen. Aber dadurch hat sie alle Erinnerungen an ihre Heimat vergessen. Segeln morgen weiter.

Tag 109 Nach vielen Wochen auf See erreichten wir eine Insel mit einäugigen Riesen, den sogenannten Zyklopen. Nachdem der Riese Polyphem sechs meiner Männer verschlungen hatte, konnten wir ihn blenden und schließlich fliehen.

Tag 227 Wir kamen den Laistrygonen zu nahe! Diese Riesen warfen Felsbrocken nach uns und zerschmetterten mehrere Schiffe.

Tag 471 Eine Frau mit Namen Kirke lud uns in ihr Haus ein. Sie bot meinen Männern Essen an, das sie in Schweine verwandelte! Warum ist alles so anstrengend? Ich konnte Kirke überzeugen, sie wieder zurückzuverwandeln. Höchste Zeit, weiterzusegeln.

Tag 922 Die Sirenen, die schrecklichen Sirenen! Sie singen so wunderschön, dass man einfach in ihre Richtung segeln muss. Aber die Felsen dort sind gefährlich. Habe meinen Leuten befohlen, ihre Ohren mit Wachs zu verstopfen.

Tag 1860 Musste zwischen zwei Meeresungeheuern hindurchsegeln: zwischen der Wasser aufwirbelnden Charybdis und der riesigen, schlangenähnlichen Skylla. Eine absolute Katastrophe! Nur mein Schiff blieb übrig.

Tag 2539 Ich bin ein Gefangener der Nymphe Kalypso. Werde ich jemals nach Ithaka kommen? Vermisse meine Frau und meinen Sohn – und meinen Hund Argos.

Tag 3642 Die Göttin Athene auf dem Olymp hat meine Bitten erhört und mich aus den Armen der Kalypso befreit. In wenigen Tagen bin ich zu Hause. Auf bald, meine geliebte Familie!

Erklärung mythischer Ungeheuer

Historiker denken, dass natürliche Gegebenheiten eine Erklärung für einige
der Ungeheuer bieten könnten, denen Odysseus auf seiner Fahrt begegnet ist.
Verbinde die einzelnen Ungeheuer mit ihren möglichen Erklärungen.

Charybdis

Sirenen

Laistrygonen

Polyphem

Küste mit vielen Felsen

Giganten vom Mont'e Prama (Diese Steinstatuen standen früher an der Küste von Sardinien.)

Elefantenschädel (Der lange Knochenauswuchs in der Mitte ist für den Rüssel.)

Wasserstrudel in der Straße von Messina

Vasenbilder

Diese Vasen zeigen verschiedene Szenen von der Reise des Odysseus. Schau dir noch einmal die Route an,
die du in die Karte eingezeichnet hast, und bringe die Bilder in die richtige Reihenfolge.

A. ◯   B. ◯   C. ◯   D. ◯

INSELBEWOHNER IM PAZIFIK

Polynesien ist eine Inselregion im Pazifischen Ozean, die aus über 1000 Inseln besteht. Dazu gehören auch die Cookinseln, die vor vielen Jahrhunderten durch Polynesier entdeckt wurden. Sie paddelten und segelten damals auf Kanus von Insel zu Insel.

Samen auf See

Polynesische Entdecker nahmen Samen mit auf ihre Kanus, damit sie auf den neu entdeckten Inseln Nutzpflanzen anbauen konnten. Lies zunächst, wofür sie die verschiedenen Pflanzen anbauten, und löse dann die beiden Rätsel.

Zwei Entdecker beschreiben ihre Reise. Trage die Namen der Samen, die sie gepflanzt haben, in die Lücken ein.

Bambus
Verwendet für:
Werkzeuge, Körbe,
Musikinstrumente

Brotfrucht
Verwendet für:
Klebstoff, Medizin,
Kaugummi

Wilder Ingwer
Verwendet für:
Shampoo

Banane
Verwendet für:
Nahrung,
Baumaterial

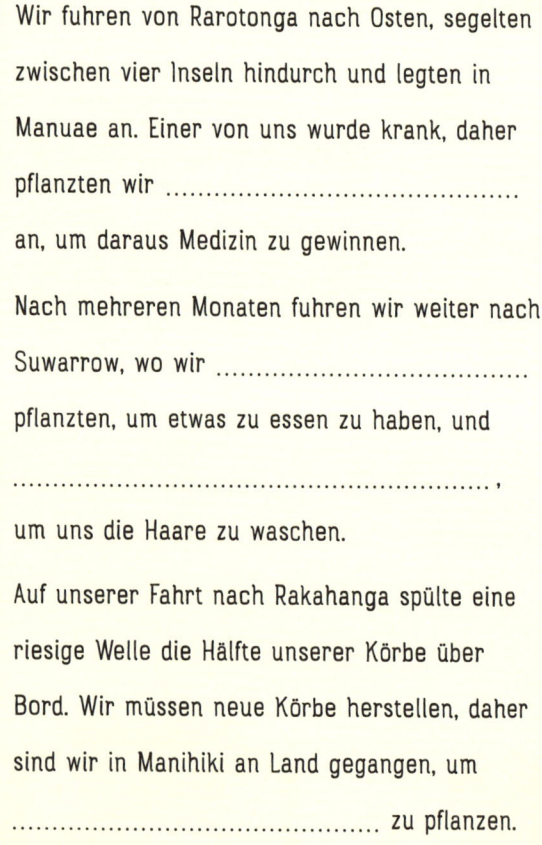

Wir fuhren von Rarotonga nach Osten, segelten zwischen vier Inseln hindurch und legten in Manuae an. Einer von uns wurde krank, daher pflanzten wir .... an, um daraus Medizin zu gewinnen.

Nach mehreren Monaten fuhren wir weiter nach Suwarrow, wo wir .... pflanzten, um etwas zu essen zu haben, und ...., um uns die Haare zu waschen.

Auf unserer Fahrt nach Rakahanga spülte eine riesige Welle die Hälfte unserer Körbe über Bord. Wir müssen neue Körbe herstellen, daher sind wir in Manihiki an Land gegangen, um .... zu pflanzen.

Zeichne eine Linie in diese Karte ein, die ihre Reise zeigt.

Stabkarten

Polynesische Kanufahrer erstellten manchmal aus Kokospalmwedeln, Bambusstäben und Muscheln Landkarten, die sie *rebbelibs* nannten. Welche Cookinseln zeigen die Muscheln B bis F auf dieser Stabkarte an?

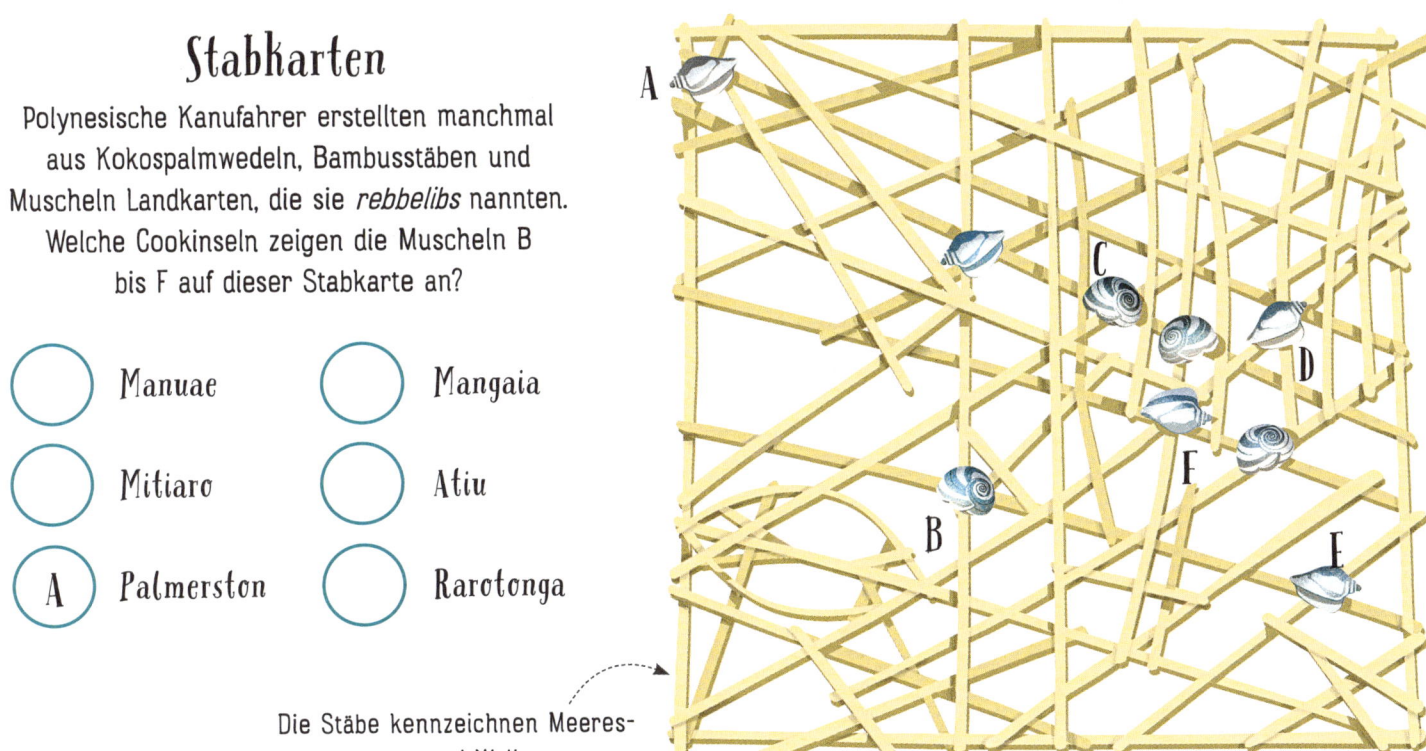

○ Manuae ○ Mangaia

○ Mitiaro ○ Atiu

Ⓐ Palmerston ○ Rarotonga

Die Stäbe kennzeichnen Meeresströmungen und Wellenmuster.

Kiwi-Rätsel

Neuseeland ist das größte Land in Polynesien und die Heimat von fünf Vogelarten, die alle Kiwi heißen. Schreibe die Zahlen 1 bis 5 in die Kreise, und zwar in der Reihenfolge, in der du die Vögel auf einer Beobachtungsreise von Norden nach Süden sehen würdest.

Die Ränder der Kreise neben den Kiwis stimmen farblich überein mit den Regionen auf der Karte, wo sie leben.

○ Zwerghiwi

○ Südlicher Streifenkiwi

○ Okaritokiwi

○ Nördlicher Streifenkiwi

○ Haasthiwi

Nordinsel

Neuseeland

Südinsel

VERSCHNEITE GIPFEL

Mit dieser Karte eines Skigebiets kannst du viele Dinge
entdecken und deine Abfahrten genau planen. Lies dir
die Legende oben rechts durch, bevor du loslegst.

HILFE, HERR DOKTOR!

Im Jahr 1854 zeichnete der britische Arzt John Snow eine Karte, um den Ursprung der Krankheitsfälle von Cholera herauszufinden, die sich in der Nähe seines Hauses in London ausbreiteten. Er kennzeichnete alle Häuser, in denen jemand krank wurde, und erkannte, dass alle dieselbe verseuchte Wasserpumpe benutzten.

John Snow (1813–1858)

Kannst du auch wie ein medizinischer Detektiv kombinieren? Stelle dir vor, du wohnst in der Stadt Dungburg. Vor Kurzem ist dort eine seltsame Krankheit ausgebrochen, nachdem Einwohner das Wasser aus einer der Pumpen getrunken haben.

Lies die Beschreibungen und finde mithilfe der Karte die verseuchte Pumpe.

1. Tag

Vier Lehrer holen auf ihrem Weg zur Schule Wasser. Zeichne jeweils den kürzesten Weg zur Schule ein, auf dem sie an mindestens einer Pumpe vorbeikommen. Hier wohnen die Lehrer:

im rosa Haus im Tempelweg

im Gast- haus am Pfauenpfad

im Kastanien- hof

im blauen Haus bei der Kirche

3. Tag

Die Lehrerin, die im Tempelweg wohnt, und der Lehrer vom Kastanienhof werden beide krank. Kreise alle Pumpen ein, an denen sie vorbeigekommen sind.

7. Tag

Zum Wochenmarkt in der Fachwerkstraße kommen heute Menschen aus der ganzen Stadt. Drei weitere Familien werden krank. Sie wohnen hier:

im gelben Haus im Gilbachweg

im gelben Haus in der Ampferstraße

im Föhrenhof

Zeichne jeweils den kürzesten Weg der Familien zum Markt ein. Kreise auch die Pumpen ein, an denen sie vorbeigekommen sind.

Weißt du es?

Aus welcher Pumpe kommt das verseuchte Wasser? Nur an einer einzigen Pumpe haben alle kranken Lehrer und Familien Wasser geholt.

FREMDE NEUE WELTEN

Weltraumkarten offenbaren weit entfernte Welten. Sie zeigen Sterne, Asteroidengürtel und extrasolare Planeten, die sich außerhalb unseres Sonnensystems befinden (auch Exoplaneten genannt).

Studium der Sterne

Wissenschaftler erstellen Sternkarten, um neue Exoplaneten zu finden. Wenn ein Exoplanet einen Stern umkreist, bewegt sich der Stern durch die Gravitationskraft des Exoplaneten.

Vergleiche die beiden Karten unten und markiere die Sterne, die von Exoplaneten umkreist werden.

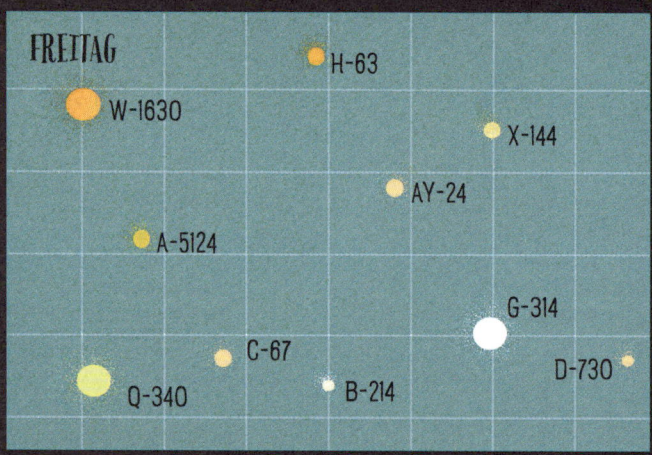

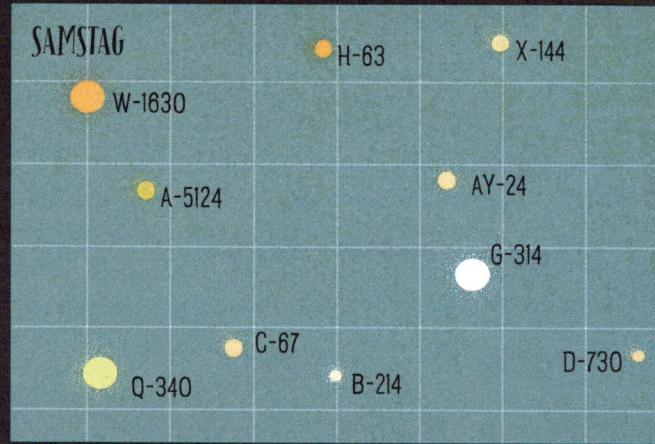

Achtung, Asteroiden!

Findest du einen Weg durch den Asteroidengürtel, auf dem das Raumschiff den Planeten unbeschadet erreichen kann?

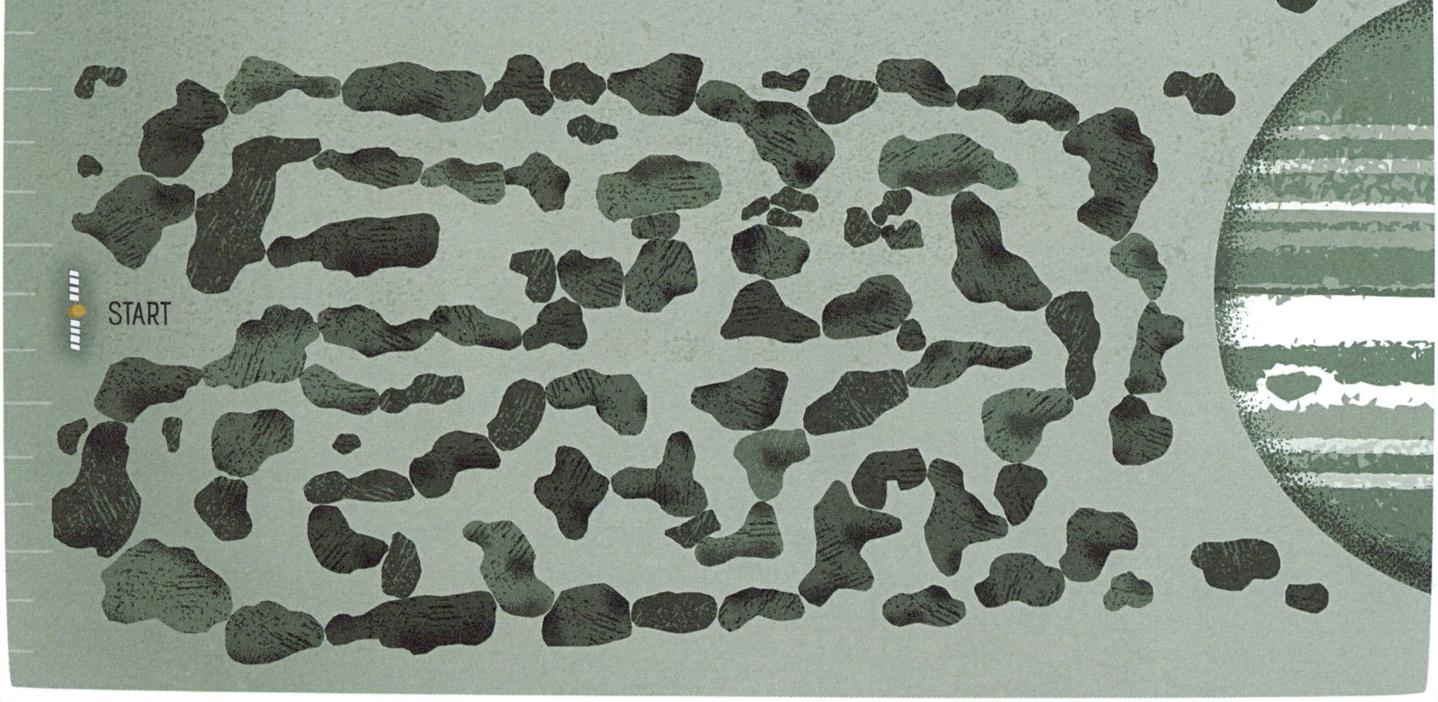

START

Weltraumbasis

Eine Gruppe von Astronauten ist gerade auf einem noch unerforschten Exoplaneten gelandet und muss eine neue Basisstation bauen. Kannst du anhand der Legende die Karte finden, die den besten Standort für ihre Gebäude und Geräte zeigt?

Legende

Solarmodule (müssen in der Höhe aufgestellt werden)

Windrad (muss an einem windigen Ort stehen, auf einer Ebene)

Wohngebäude (muss geschützt stehen, in einem Krater oder Wald)

Gewächshaus (braucht Wasserversorgung)

Satellitenschüssel (muss sehr hoch stehen, für guten Empfang)

Startrampe (braucht flachen Boden)

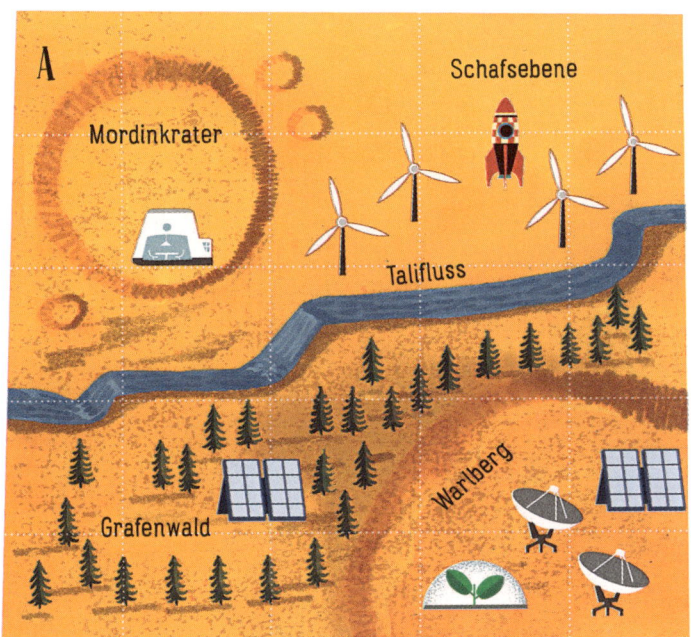

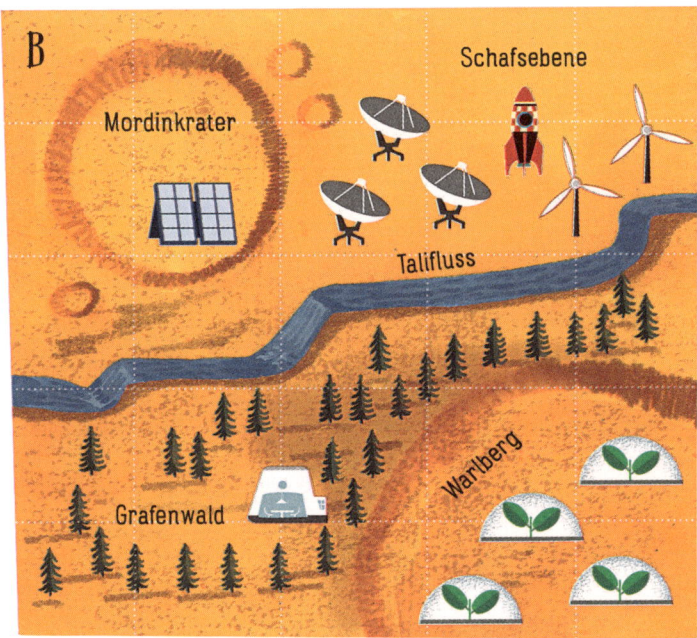

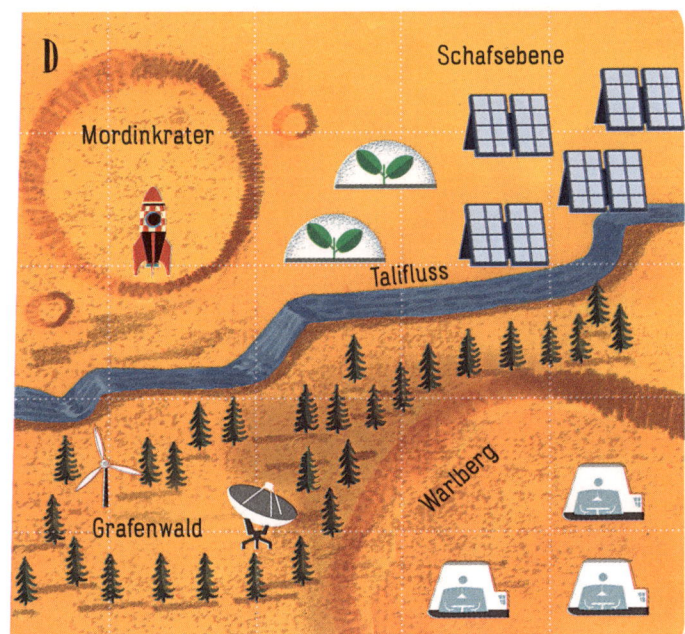

SCHNITTDARSTELLUNGEN

Karten können Orte auch seitlich im Schnitt darstellen, als hätte man die Wände oder den Boden entfernt. Solche Karten geben einen Einblick in verschiedene Stockwerke eines Gebäudes oder in Dinge, die tief unter der Erde liegen.

Unterirdische Stadt

Teile der alten Stadt Derinkuyu, die heute in der Türkei liegt, wurden unterirdisch gebaut. Wenn die Stadt angegriffen wurde, konnten sich die Menschen in den Tunneln und Räumen tief unten verstecken.

Sieh dir die Schnittdarstellung der Stadt Derinkuyu genau an. Findest du ...

★ ... jemanden, der einen Eimer Wasser holt?

★ ... zwei Schlafende?

★ ... einen Rauchabzug?

★ ... eine Schule?

★ ... 16 Fackeln?

★ ... einen weißen Sack?

Wie viele Hühner zählst du?

....

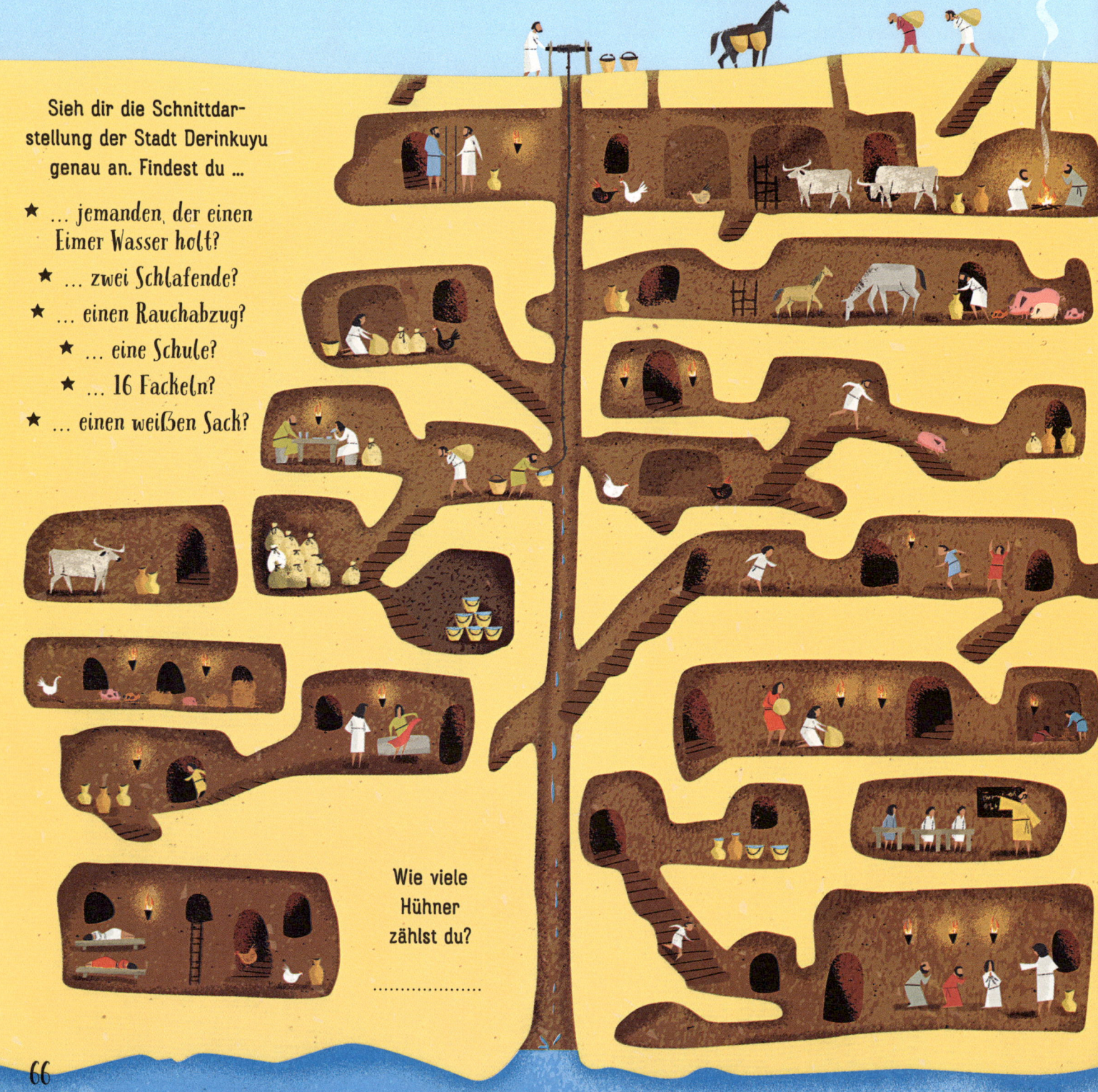

Hohle Höhlen

Zähle die Rechtecke der beiden Höhlen. Welche davon ist größer?

Teile wie dieses zählen als halbes Rechteck.

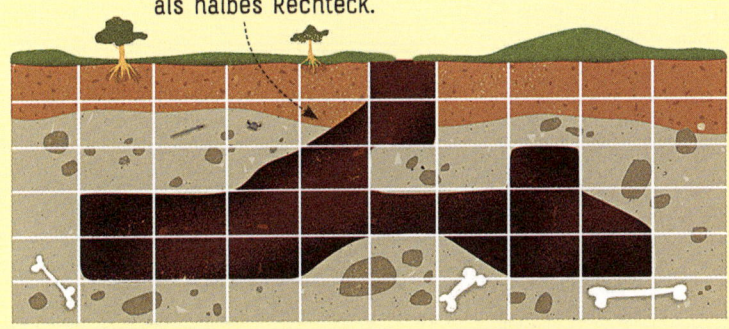

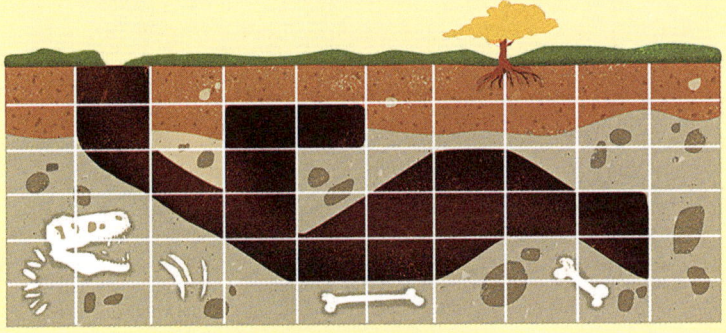

Rohrproblem

Welches dieser fünf Quadrate ist nicht in der Karte der unterirdischen Rohre vorhanden?

1.   2.   3.   4.   5.

Wolkenkratzer-Wirrwarr

Beginne in der Ecke oben links und lies die Buchstaben in jedem zweiten Raum. Wenn du die einzelnen Stockwerke von oben nach unten entlanggehst, erhältst du die Namen von fünf Städten, in denen es viele Wolkenkratzer gibt.

VOM NORDPOL ...

Ganz im Norden der Erde befindet sich die Arktis. Diese Region aus schneebedeckter Landmasse und von Eis bedecktem Meer verändert mit dem Wechsel der Jahreszeiten ihre Größe.

Winter und Sommer

Viele Tiere, die in der Arktis leben, haben ein weißes Fell oder Federkleid, um sich im Schnee zu tarnen. Manche dieser Tiere nehmen im Sommer eine dunklere Farbe an, da es weniger Schnee und Eis gibt. Findest du auf der Sommerkarte fünf Tiere, die ihre Farbe nicht geändert haben?

Du könntest in dieser Legende die Tiere ausmalen, die im Sommer dunkler werden.

Peary-Karibu   Polarwolf

Gerfalke   Eisbär

Polarfuchs   Polarhase

Schnee-Eule   Schneehuhn

Dsungarischer   Hermelin
Zwerghamster
                      Elfenbein-
                      möwe

Winter

Kanada

Russland

Grönland

Sommer

Kanada

Russland

Grönland

Holzkarten

Im 19. Jahrhundert schnitzte ein Jäger namens Kunit aus Treibholzstücken die Formen der arktischen Küstenlinie.

... ZUM SÜDPOL

In der Antarktis, die am entgegengesetzten Ende der Erde liegt, ist es noch kälter als in der Arktis. Aber selbst tiefste Temperaturen und eisige Winde konnten Forscher und Wissenschaftler nicht davon abhalten, dorthin zu reisen.

Bedeutungsvolle Namen

Polarforscher gaben bestimmten Orten in der Antarktis Namen, die verdeutlichen, wie beschwerlich die Reise dorthin war. In den Ortsnamen auf dieser Karte fehlen einige Vokale (A, E, I, O und U). Kannst du sie einsetzen, um die ungewöhnlichen Namen herauszufinden?

ANTARKTIKA

V_RZW_IFL_NGSFELS_N •

G_F_HR_NS_LN

KAP _NTTÄ_SCH_NG

SÜDPOL

Man kann kaum beschreiben, wie hart diese Reise ist!

_RRTUMSB_RG

UNB_SCHR__BLICH_ _NS_L

Südlichste Flaggen

In der Mitte der Antarktis steht ein offizieller Südpol. Er ist von den Flaggen der zwölf Länder umgeben, die erste Wissenschaftler entsendet haben, um diesen Kontinent zu erforschen. Kannst du alle Flaggen bestimmen?

1. Argentinien	5. Frankreich	9. Südafrika
2. Australien	6. Japan	10. Russland
3. Belgien	7. Neuseeland	11. Großbritannien
4. Chile	8. Norwegen	12. USA

WETTERKARTEN

Wissenschaftler, die sich mit dem Wetter beschäftigen, werden Meteorologen genannt.
Sie erstellen Karten, die zeigen, wie das Wetter in nächster Zeit werden wird.

Wettervorhersage für heute

Lies diese Wettervorhersage für Indien und trage die Wettersymbole in die Karte ein.

☼ sonnig
🌧 Regen

Wettersymbole

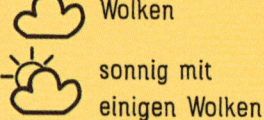
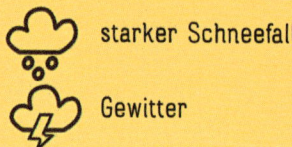

☁ Wolken
⛅ sonnig mit einigen Wolken
🌨 starker Schneefall
⛈ Gewitter

Wetterbericht: Indien

Vorhersage für Dienstag

Heute wird es in Chandigarh starke Schneefälle geben.

In Lucknow und Neu-Delhi gibt es heftige Regenschauer, also vergessen Sie Ihren Schirm nicht.

Über Mumbai ist der Himmel bewölkt, aber gelegentlich wird die Sonne durchkommen.

In Bhopal ist es meist wolkig, dafür wird in Bengaluru und Kolkata den ganzen Tag die Sonne scheinen.

Vorsicht in Gangtok! Dort erwarten wir heftige Gewitter.

Fünf-Tage-Wetter

In welcher Stadt in Costa Rica wird das Wetter laut dieser Fünf-Tages-Vorhersage jeden Tag gleich sein?

....

Wärmebilder

Trage die Buchstaben A bis F dort ein, wo die genannten sechs Städte in den USA liegen.
Vergleiche die Legende mit den Temperaturen, die hinter den Städten stehen, um ihre Lage herauszufinden.

A. Miami 30°C   B. Minneapolis −2°C   C. Dallas 17°C
D. Buffalo 12°C   E. Cincinnati 8°C   F. Los Angeles 24°C

Legende
Temperaturen in Grad Celsius (°C)

- 25–30 °C
- 20–24 °C
- 15–19 °C
- 10–14 °C
- 5–9 °C
- 0–4 °C
- < 0 °C

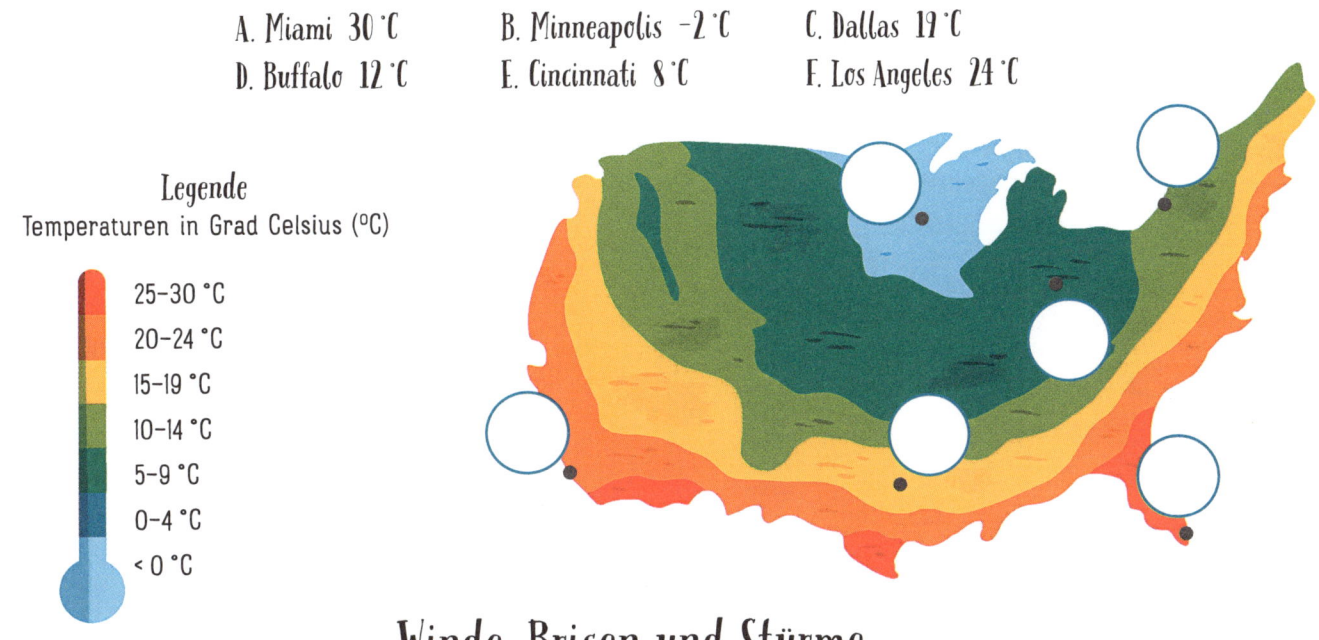

Winde, Brisen und Stürme

Windkarten stellen dar, in welche Richtung die Winde wehen und wie stark sie sind. Die Zahl in jedem Symbol gibt die Windstärke in Meilen pro Stunde an und der Pfeil die Windrichtung.

Kreise jeweils die Symbole für den schnellsten und den langsamsten Wind ein.

DIE WETTERSHOW

Verbinde nun alle Symbole mit einer geraden Zahl in absteigender Reihenfolge. Folge der Richtung der Pfeile und beginne mit dem orangefarbenen Symbol. Welche Form kommt am Ende heraus?

....

KARTEN FÜR GESCHICHTEN

Viele Autoren planen ihre Geschichten zuerst mit Skizzen und Karten,
um die Leser besser durch die Welt zu führen, die sie beschreiben.

Karten zuordnen

Kannst du erraten, zu welchem Buch diese drei Karten gehören?

Der Wind in den Weiden
von Kenneth Graham

Die Schatzinsel
von Robert Louis Stevenson

In 80 Tagen um die Welt
von Jules Verne

A.

B.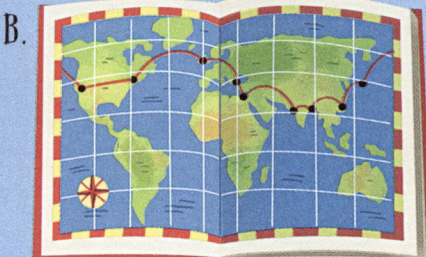

C.

Nordische Sagen

Die Geschichten der nordischen Mythologie beschreiben verschiedene Welten, die durch die Zweige eines gigantischen Baumes miteinander verbunden sind.

Lies die folgende Liste und bestimme dann die Orte auf der Karte.

1. **Nidawellir**: die Unterwelt der Zwerge

2. **Asgard**: die höchste Welt und Wohnort der Götter

3. **Helheim**: das dunkle Land der Toten

4. **Midgard**: die Welt der Menschen, über eine Regenbogenbrücke mit Asgard verbunden

5. **Niflheim**: die eisige Welt der ewigen Dunkelheit

6. **Muspellsheim**: das Land der Feuerriesen, voller Flammen und Lava

Es war einmal eine Karte ...

Lasse deiner Fantasie freien Lauf und vervollständige diese Märchenwelt nach deinen eigenen Vorstellungen.
Erfinde Namen für die einzelnen Orte und schreibe sie auf die gepunkteten Linien.

Berg ....

.... insel

.... wüste

Wald der ....

.... moor

.... dorf

See der ....

Turm der ....

....

Denke dir eine Geschichte aus, die in dieser fantastischen Welt spielt.
Du brauchst nur ein Stück Papier, um dein Abenteuer aufzuschreiben!

DOWN UNDER

Seit Tausenden von Jahren erzählen sich die Ureinwohner Australiens sagenhafte Traumzeitlegenden, in denen sie die Landschaft ihres Landes beschreiben.

Traumzeitkarte

Lies die verschiedenen Traumzeitgeschichten. Welche Sehenswürdigkeiten auf der Karte beschreiben sie?

Uluru
Vor langer Zeit schichteten zwei Kinder roten Lehm zu einem Berg auf. Sie rutschten seitlich hinunter und hinterließen tiefe Rillen in der Oberfläche.

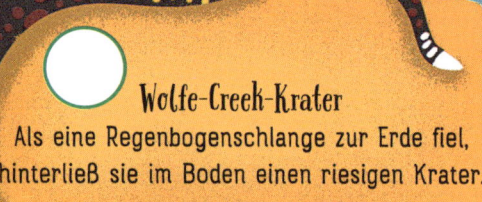

Wolfe-Creek-Krater
Als eine Regenbogenschlange zur Erde fiel, hinterließ sie im Boden einen riesigen Krater.

Gulaga
Eines Morgens fragte ein Junge seine Mutter, ob er den Walen bei ihrem Spiel zusehen dürfe. Aus Sorge, dass er ins Wasser fallen könnte, begleitete sie ihn zur Küste. Als Berge stehen die beiden dort noch heute, Seite an Seite.

Oyster-Harbour-Bucht
Ein Hund grub ein tiefes Grab für sein totes Herrchen, als sich das Meer erhob und das Loch mit Wasser füllte.

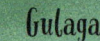

Kalkajaka
In den Bergen lebte einst ein böser Medizinmann. Eines Tages traf ihn der Blitz und sein Berg wurde in Hunderte verbrannte schwarze Felsen zerrissen.

Three Sisters
Zwei Stämme führten Krieg miteinander, deshalb verwandelte ein Medizinmann seine drei Töchter in Felsen, um sie vor Unheil zu bewahren. Wenig später wurde er getötet und die drei Schwestern blieben für immer versteinert.

ANTWORTEN UND LÖSUNGEN

4–5 GANZ SCHÖN VIELE KARTEN

Kartensuche:
- ⬤ alle Länder
- ⬤ Wetter in Melbourne
- ⬤ Polarstern

6–7 RUND UM DIE WELT

Großaufnahme:

A.

B.

C.

D.

Trennlinien:
1. südlicher Polarkreis
2. Äquator
3. nördlicher Polarkreis
4. südlicher Wendekreis
5. nördlicher Wendekreis

Weltumrundungen:
1. C, 2. A, 3. C., 4. B., 5. B.

8–9 STANDORTBESTIMMUNG

Quadrate finden:

The Kid: 2516
Tex Rex: 2918
Annie: 2511

Sancho: 2314
McGee: 2211
Red: 2713

Punkte einzeichnen:
Der Weg führt nicht über die Klammbrücke.

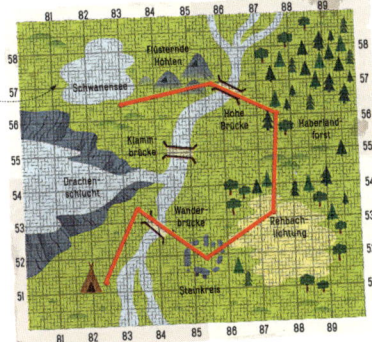

Koordinaten aufschreiben:

332639	350672	368633	390658
336670	361657	386643	

10–11 HOHE BERGE

Verbinde die Höhenlinien:

Höhenordnung:

Symbolsuche:
- ⬤ höchstes Windrad
- ⬤ niedrigstes Waldgebiet
- ⬤ Naturschutzgebiet und Aussichtspunkt auf der gleichen Höhe

12–13 ALLE LÄNDER AFRIKAS

Bunte Mischung:

Es gibt viele Möglichkeiten, die Karte mit vier Farben auszumalen.

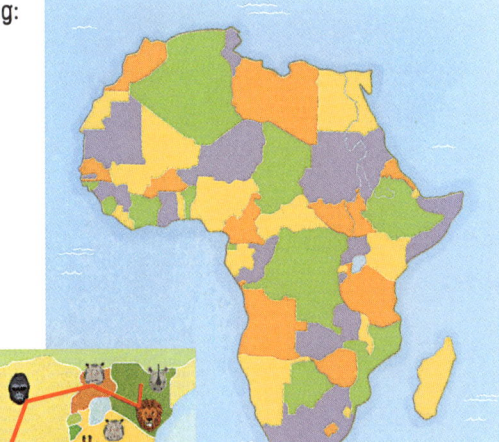

Auf Safari:

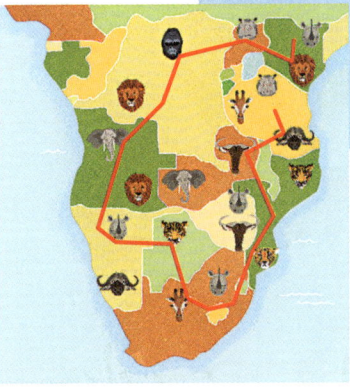

Afrika-Quiz:
A. Eritrea
B. Ruanda
C. Ghana

Ländersuche:
ERIGINA ▪ NIGERIA
TYPNÄGE ▪ ÄGYPTEN
SANATINA ▪ TANSANIA
RAILGENE ▪ ALGERIEN

14–15 KUNSTRAUB

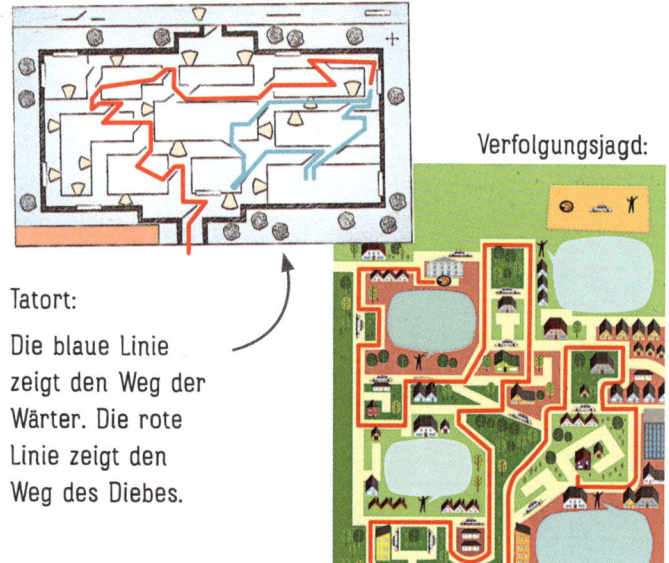

Tatort:

Die blaue Linie
zeigt den Weg der
Wärter. Die rote
Linie zeigt den
Weg des Diebes.

Verfolgungsjagd:

16–17 NEW YORK CITY

Straßensuche:
Union Square Park liegt
an der East 17th Street.

East 42nd Street und
Lexington Avenue
kreuzen sich vor dem
Chrysler Building.

Das Empire State Building
liegt an der Ecke West
34th Street und 5th Avenue.

Penn Station liegt zwischen
7th Avenue und 8th Avenue.

Der Broadway verläuft
diagonal.

„Stars and Stripes":

Taxi! Taxi!:
Nein. Es gibt nur sechs Taxis.

18–19 SCHATZKARTEN

20–21 CYBERSPACEE

E-Mail-Labyrinth:

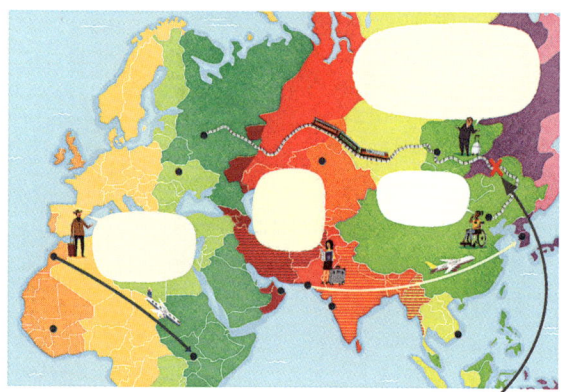

Minutengenaue Karten:
Rotes Auto: 51 Minuten
Gelbes Auto: 58 Minuten
Blaues Auto: 49 Minuten

Das blaue Auto kommt
zuerst an und das gelbe
Auto zuletzt.

22–23 WIE IM FLUG

Wie viel Uhr ist es?:   Kiew = 19:00 Uhr,
Nursultan = 23:00 Uhr, Nha Trang = Mitternacht,
Maskat = 21:00 Uhr, Bamako = 17:00 Uhr, Mumbai = 22:30 Uhr

Der Flug von Marrakesch nach Dschuba landet um 21:00 Uhr.
Der Flug von Karatschi nach Seoul landet um 9:00 Uhr.

Nein. Es ist zu spät, um im Hotel einzuchecken,
da es in Irkutsk bereits 1:00 Uhr nachts ist.

Züge fahren hier um eine Zeitzone zurück in der Zeit.

24–25 RICHTUNGEN

N, O, S, W:
Der Weg ist auf der Karte
blau markiert.

Weg zurück:
Karls Kaktusladen
ist der Ausgangspunkt.

Welche Richtung?:
1. nimm die zweite Straße links
2. biege an der Kreuzung rechts ab
3. biege nach rechts ab
4. biege nach links ab

26–27 QUADRATE ZU VERKAUFEN

Landkäufer:

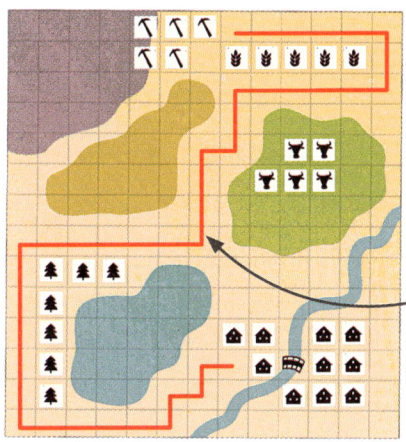

Eisenbahnstreit:

Die rote Linie zeigt die Strecke an.

28–29 INFOKARTEN

Laute Karte:

Die meisten Tierarten sind hier zu hören.

Erlesene Zutaten:
Chefköchin Celine muss den Kernerhof, den Feldhof, den Talbachhof und den Bauernhof Roth besuchen.

Kontinente im Vergleich:
30 % ▪ Asien (rot)
16 % ▪ Nordamerika (gelb)
7 % ▪ Europa (blau)

Es gibt mehr Tiger (5) als Leoparden (4).

30–31 DRACHENJAGD

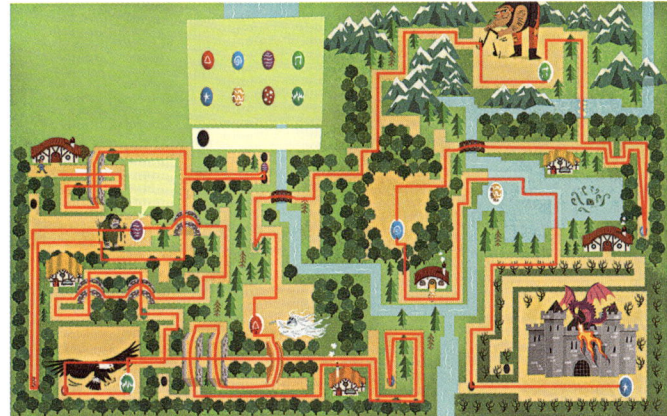

Wenn du diesem Weg folgst, verlierst du zwei Leben, kannst jedoch eins zurückgewinnen.

Nutze die Eier in der folgenden Reihenfolge:
Schlafzauber, Verpflegung, Schweigezauber, Geige, Holzfällersäge, Über Wasser gehen, Amulett der Alleskraft

32–33 FÜNFZIG STAATEN

Staatenquiz:
1. Mississippi, 2. sieben Staaten, 3. Arkansas, 4. Q

Staatensuche:

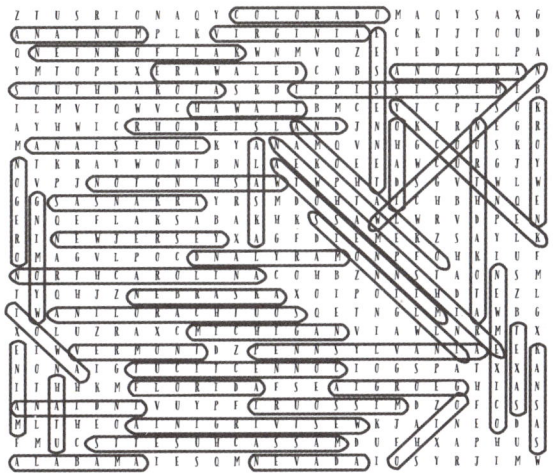

Staatliche Formen:
A. South Carolina, B. Oklahoma. C. Kentucky

34–35 HANDELSSTRASSEN

Lange Wartezeiten:
1. 109 Tage
2. 75 Tage
3. 90 Tage
4. 156 Tage

Vervollständige die Reise:
Die fehlenden Städte sind in dieser Reihenfolge:
Chang'an, Poduke, Buchara, Charakene und Muza.

Vorsicht, Banditen!:
Der sichere Weg ist: Chang'an – Dunhuang – Kokand – Taxila – Charakene – Alexandria – Athen – Rom

38–39 ERFORSCHE SÜDAMERIKA

Vervollständige die Karte:

Faszinierende Sehenswürdigkeiten:
A. = Machu Picchu
B. = Christusstatue
C. = Iguazú-Wasserfälle

Riesiger Regenwald: B.

Tiere des Dschungels:
Anakonda

Moai-Köpfe:

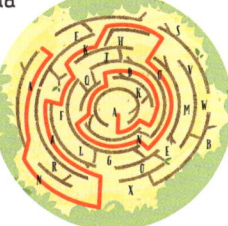

40–41 HINTER FEINDLICHEN LINIEN

Stille Karten:
Seide

Brief in die Freiheit:
Werner
3.12.
Leuchtturm

Die große Flucht:

Geheimes Kennwort:
Tornado

42–43 IM FREIZEITPARK

Ticketsuche:
Skyfall, Der Große Geier

Hm, lecker!
Die beiden Mitarbeiter arbeiten hier.

Sag mal „AHHHHHHHH!":

Space-Coaster   Die wilde Gletscherbahn   Oktokapseln

Wer war wo?:
1. Mississippi-Splash, 2. Irrer Garten, 3. Space-Coaster

44–45 GEHEIMSTRASSEN

Raubkopie: Karte B ist eine Raubkopie.

Versteckte Hinweise:
Die fehlenden Buchstaben sind (von oben nach unten): h, t, e, k, i, l, b, b, i und o.
Die Geheimdienstzentrale ist als Bibliothek getarnt.

Vorsicht, Falle!:

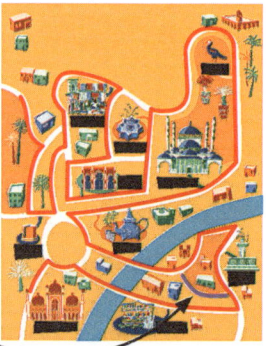

Diese Straße gibt es nicht.

46–47 AUF EUROPAREISE

Wer war wo?:
A. Frankie, B. Ali, C. Sam

Regionale Küche:
Mămăligă (Rumänien)
Borschtsch (Ukraine)
Bouillabaisse (Frankreich)

Souvenirs, Souvenirs:

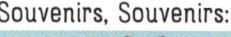

Russland   Norwegen
Vereinigtes   Deutschland
Königreich

48–49 TIEFENKARTEN

Gewichte über Bord:

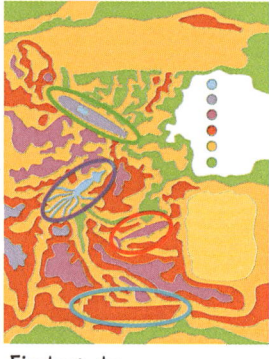

Kartenvergleich:
Kartenrolle C

Schallwellensegler:

Findest du ...:
- ⬤ Tintenfisch
- ⬤ Wal
- ⬤ Schiff
- ⬤ U-Boot

50–51 STERNKARTEN

Muster finden:

Norden oder Süden?:
S, N, S, N

Sternhell:
Sirius liegt im Großen Hund.

52–53 ANTIKE KARTEN

Wessen Karte?:
A. Hekataios von Milet
B. Claudius Ptolemäus
C. Kosmas Indikopleustes

Was sagt ein Name?:
Hampstead = 1, Greenwich = 7,
Peckham = 6, Lambeth = 4,
Stratford = 3, Hackney = 2,
Putney = 5

Puzzleteile:

54–55 LINIENNETZPLÄNE

Fehlende Verbindungen:

Von A nach B:
1. Neun Stationen
2. Die Route ist auf der Karte schwarz markiert.
3. Ja. Sie muss an den Stationen Silberkreuz, Helgolandstraße und Weberbrücke umsteigen.

Die zwei Stationen mit einem Tier im Namen sind Kröteninsel und Pelikanweg. Sie sind auf der Karte rot eingekreist.

56–57 DIE REISE EINES HELDEN

Ein sehr langer Heimweg:

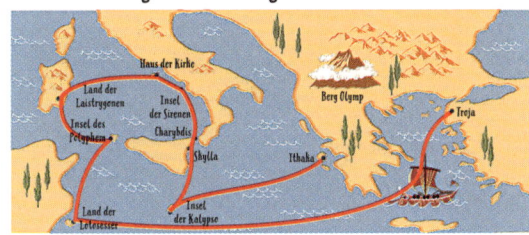

Erklärung mythischer Ungeheuer:

Vasenbilder:
A. 2 (Kirke)
B. 4 (Odysseus und sein Hund Argos)
C. 1 (Polyphem)
D. 3 (Skylla)

58–59 INSELBEWOHNER IM PAZIFIK

Samen auf See:
Die Entdecker pflanzten die Samen in dieser Reihenfolge: Brotfrucht, Bananen, Wilden Ingwer und Bambus.

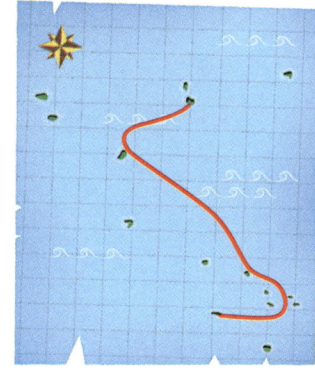

Stabkarten:
Manuae = C
Mangaia = E
Mitiaro = D
Atiu = F
Rarotonga = B

Kiwi-Rätsel:
Du würdest die Vögel in dieser Reihenfolge sehen:
1. Nördlicher Streifenkiwi
2. Zwergkiwi
3. Haastkiwi
4. Okaritokiwi
5. Südlicher Streifenkiwi

60–61 VERSCHNEITE GIPFEL

Dieser Sessellift hat die meisten Sitze.

Die Freundin ist hier aus dem Sessellift gestiegen.

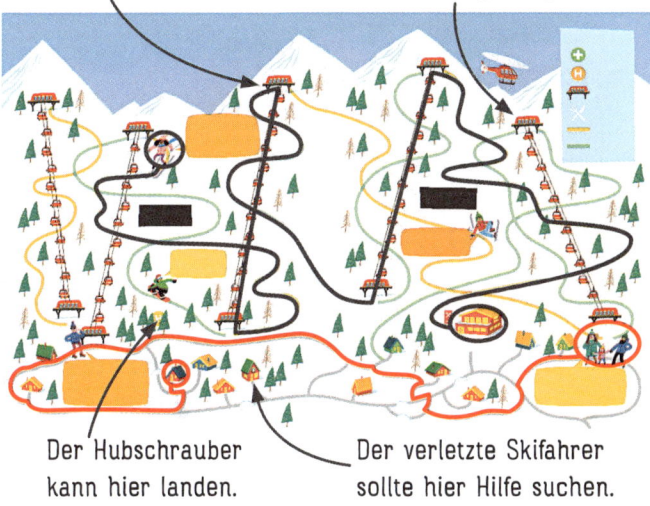

Der Hubschrauber kann hier landen.

Der verletzte Skifahrer sollte hier Hilfe suchen.

62–63 HILFE, HERR DOKTOR!

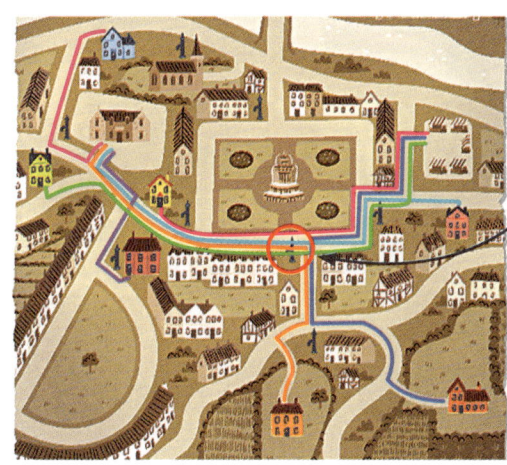

Die Krankheit geht von dieser Pumpe aus.

64–65 FREMDE NEUE WELTEN

Studium der Sterne:
Exoplaneten umkreisen diese sich bewegenden Sterne: A-5124, X-144, AY-24 und G-314.

Achtung, Asteroiden!:

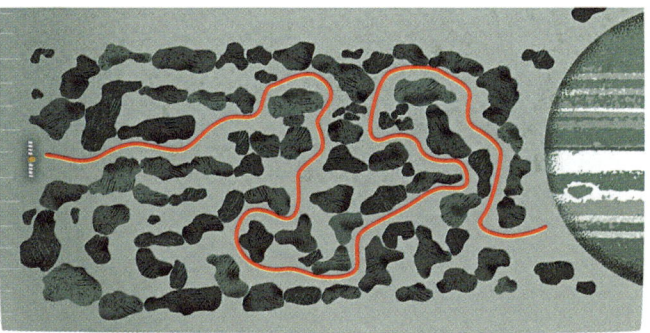

Weltraumbasis: Karte C zeigt den besten Standort für Gebäude und Geräte.

66–67 SCHNITTDARSTELLUNGEN

Unterirdische Stadt:

○ jemand, der einen Eimer Wasser holt

○ zwei Schlafende

○ Rauchabzug

○ Schule

○ 16 Fackeln

○ weißer Sack

○ Es gibt neun Hühner.

Hohle Höhlen:
Die obere Höhle besteht aus 18,5 Rechtecken und die untere Höhle aus 17,5 Rechtecken. Die obere Höhle ist größer.

Rohrproblem:

Quadrat 3 ist nicht in der Karte vorhanden.

1   2

4   5

Wolkenkratzer-Wirrwarr:
Shanghai, Chicago, Seoul, Toronto, Mumbai

68–69 VOM NORDPOL ZUM SÜDPOL

Winter und Sommer:
Diese Tiere auf der Sommerkarte haben ihre Farbe nicht geändert: Gerfalke, Schnee-Eule, Polarwolf, Eisbär und Elfenbeinmöwe.

Bedeutungsvolle Namen:
Verzweiflungsfelsen
Gefahrinseln
Kap Enttäuschung
Irrtumsberg
Unbeschreibliche Insel

Südlichste Flaggen:
Die Nummern von links nach rechts lauten:
4, 9, 7, 5, 8, 12, 1, 2, 10, 6, 3, 11.

70–71 Wetterkarten

Wettervorhersage für heute:

Fünf-Tage-Wetter:
Palmar Norte

Winde, Brisen und Stürme:

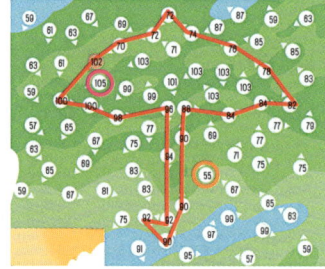

Wärmebilder:

○ schnellster Wind

○ langsamster Wind

Die Form zeigt einen Regenschirm.

72–73 KARTEN FÜR GESCHICHTEN

Karten zuordnen:
A. Die Schatzinsel, B. In 80 Tagen um die Welt, C. Der Wind in den Weiden

Nordische Sagen:

74 DOWN UNDER

Traumzeitkarte:
1. Kalkajaka
2. Gulaga
3. Wolfe-Creek-Krater
4. Uluru
5. Three Sisters
6. Oyster-Harbour-Bucht

Zusätzliche Grafiken: Brian Fitzgerald und Nat Hues   Zusätzliche Gestaltung: Samantha Barrett, Nelupa Hussain und Hannah Ahmed

Grafische Leitung: Zoe Wray   Digitale Bearbeitung: John Russell   Kartografische Beratung: Jenny Slater

Übersetzung aus dem Englischen: Jutta Vogt   Redaktion der deutschen Ausgabe: Ulrike Schuldes   Satz der deutschen Ausgabe: Tanja Haaf

2. Auflage 2020